电力行业
供电业务岗位分类

DIANLI HANGYE GONGDIAN YEWU GANGWEI FENLEI

《电力行业供电业务岗位分类》编写组 编著

中国劳动社会保障出版社

图书在版编目(CIP)数据

电力行业供电业务岗位分类/《电力行业供电业务岗位分类》编写组编著. —北京：中国劳动社会保障出版社，2017

ISBN 978-7-5167-3069-0

Ⅰ.①电… Ⅱ.①电… Ⅲ.①供电管理－中国 Ⅳ.①F426.61

中国版本图书馆 CIP 数据核字(2017)第 146807 号

中国劳动社会保障出版社出版发行

(北京市惠新东街 1 号 邮政编码：100029)

*

中青印刷厂印刷装订 新华书店经销

890 毫米 ×1240 毫米 16 开本 3.75 印张 102 千字

2017 年 6 月第 1 版 2017 年 6 月第 1 次印刷

定价：24.00 元

读者服务部电话：(010)64929211/64921644/84626437

营销部电话：(010)64961894

出版社网址：http://www.class.com.cn

前　言

为加快推进电力行业人力资源标准化建设，建立适应电网快速发展的人力资源配置标准，国家电网公司在承办编制《电力行业供电劳动定员》（LD/T 46—2016）行业标准之后，依据电力行业供电业务经营特点和职业分类，按照广泛适用、科学合理的原则，根据岗位自身的性质和特点，对岗位进行了分类，并组织编制了《电力行业供电业务岗位分类》。岗位分类对于精益定员定编管理、优化用工策略，高效支撑人力资源规划、人才招聘配置，增强人才选拔、培训开发的针对性和有效性起到了重要作用，有效促进了人力资源管理向标准化和精益化迈进。

《电力行业供电业务岗位分类》编写组

2017.01

电力行业供电业务岗位分类编写组

组　长：国家电网公司吕春泉

副组长：全国劳动定额定员标准化技术委员会王竞
中国南方电网有限责任公司杨兴旺
国家电网公司姚国平

成　员：全国劳动定额定员标准化技术委员会徐惟奋，国家电网公司陈春武、王浩锐、张振兴、孔德国，中国南方电网有限责任公司王炜、吴仁志、巴永东，内蒙古电力（集团）有限责任公司张旭东、赵艳军、刘剑、要鑫达，陕西省地方电力（集团）有限公司张翼、高海军，国网北京市电力公司王桂哲、李蓉、杜长军、杜明军、李林松，国网河北省电力公司陈铁雷、唐伟、张旭风、温华菁，国网冀北电力有限公司郭佳、程德才，国网山西省电力公司武雅丽，国网山东省电力公司李玉华、孔平、董斌、魏升吉，国网江苏省电力公司范忠、王如山、徐志刚，国网浙江省电力公司黄晓、陈军海、吴爱国、刘群峰，国网安徽省电力公司张立刚，国网湖北省电力公司马涛、胡长松，国网四川省电力公司赵坤、何晓勇、鲁石，国网辽宁省电力有限公司孙庆、郭长彪、雷振江、孟凡博、陈辉，国网陕西省电力公司张保国、王涛、李朋，国网新疆电力公司徐忠国、刘卫华、张传民、李杰，国网国际发展有限公司徐怡真、车雪雁，南瑞集团有限公司马晶、张莫，国网通用航空有限公司刘旭婷，英大传媒投资集团有限公司庄晓玮，山东电工电气集团有限公司王云星、赵立涛、张倩。

目　　次

电力行业供电业务岗位分类

1 范围

本岗位分类规定了电力行业供电业务岗位分类内容。

本岗位分类适用于电力行业各供电企业。

2 术语和定义

下列术语和定义适用于本岗位分类。

2.1

代码 code

为便于岗位分类信息的管理和使用，赋予每个岗位分类的数码符号。其中岗位大类的代码为一位大写字母，经营类为A，管理类为B，技术类为C，技能类为D，服务类为E。每个岗位大类分若干个中类和小类，中类岗位代码为所属大类代码后加"-"和两位数字，小类岗位代码为所属中类代码后加"-"和两位数字。

2.2

单位 company

电力行业的企业和事业单位，即在工商行政管理机关登记注册的企业，或者经机构编制部门批准成立和登记备案、领取《事业单位法人证书》并取得法人资格的事业单位及其分支机构或派出机构。

2.3

内设机构 department

单位因经营管理或者业务发展需要，内部设置并直接管理的，负责职能管理、业务实施工作的组织机构，包括各单位内部设置的职能部门、实施机构以及实施机构内设的班组。

2.4

岗位 position

岗位是指企业中承担一系列工作职责的任职者所对应的组织位置，是组织的最小构成单元。当组织结构和管理方式发生变化时，具体岗位的设置及其工作职责将发生相应的变化。

3 岗位分类

3.1 经营类

岗位分类

岗位分类见表1。

表1 经营类岗位分类

序号	中类	中类代码	小类	小类代码
1	单位负责人	A-01	行政领导	A-01-01
			党群领导	A-01-02
			退二线领导	A-01-03

岗位分类描述

A-01 单位负责人，负责企业经营决策的岗位，本中类分为以下 3 个小类：

a）**A-01-01 行政领导**：负责企业生产经营方面管理工作的单位负责人岗位；

b）**A-01-02 党群领导**：负责企业党、团、纪检、工会等党群管理工作的单位负责人岗位；

c）**A-01-03 退二线领导**：退居二线的巡视员、调研员、协理员等岗位。

3.2 管理类

岗位分类

岗位分类见表 2。

表 2 管理类岗位分类

序号	中类	中类代码	小类	小类代码
1	部门负责人	B-01	助理、副总师	B-01-01
			人力资源管理行政中层	B-01-02
			财务管理行政中层	B-01-03
			物资业务行政中层	B-01-04
			规划管理行政中层	B-01-05
			建设管理行政中层	B-01-06
			运行管理行政中层	B-01-07
			运检业务行政中层	B-01-08
			营销业务行政中层	B-01-09
			其他管理行政中层	B-01-10
			其他业务行政中层	B-01-11
			物资业务党群中层	B-01-12
			规划业务党群中层	B-01-13
			建设业务党群中层	B-01-14
			运行业务党群中层	B-01-15
			运检业务党群中层	B-01-16
			营销业务党群中层	B-01-17
			其他业务党群中层	B-01-18
			其他管理党群中层	B-01-19
2	人力资源管理	B-02	干部管理	B-02-01
			劳动组织	B-02-02
			员工管理	B-02-03
			薪酬管理	B-02-04
			福利保障	B-02-05
			人力资源规划计划	B-02-06
			人力资源信息统计	B-02-07
			绩效管理	B-02-08
			人才开发与培训	B-02-09
			社保管理	B-02-10
			人事档案管理	B-02-11
			人力资源管理其他	B-02-12

表 2　管理类岗位分类（续）

序号	中类	中类代码	小类	小类代码
3	财务资产管理	B-03	预算 / 成本管理	B-03-01
			资产 / 产权管理	B-03-02
			收入 / 价格管理	B-03-03
			资金管理	B-03-04
			财税管理	B-03-05
			财务稽核	B-03-06
			会计核算 / 财务分析	B-03-07
			工程财务管理	B-03-08
			内部控制与风险管理	B-03-09
			财务管理其他	B-03-10
4	物资（招投标）管理	B-04	物资计划管理	B-04-01
			招标采购管理	B 04 02
			仓储配送管理	B-04-03
			物资合同管理	B-04-04
			物资供应管理	B-04-05
			物资质量监督管理	B-04-06
			物资（招投标）管理其他	B-04-07
5	规划计划管理	B-05	企业战略规划	B-05-01
			电网规划	B-05-02
			综合计划	B-05-03
			项目前期管理	B-05-04
			综合统计分析	B-05-05
			投资管理	B-05-06
			线损管理	B-05-07
			规划计划管理其他	B-05-08
6	工程建设管理	B-06	工程技术经济管理	B-06-01
			工程建设管理	B-06-02
			工程安全质量管理	B-06-03
			工程设计管理	B-06-04
			工程建设管理其他	B-06-05
7	电网运行管理	B-07	系统运行管理	B-07-01
			调控运行管理	B-07-02
			调度计划管理	B-07-03
			继电保护管理	B-07-04
			自动化管理	B-07-05
			设备监控管理	B-07-06
			水电管理	B-07-07
			新能源管理	B-07-08
			电网运行管理其他	B-07-09

表 2　管理类岗位分类（续）

序号	中类	中类代码	小类	小类代码
8	电网运维检修管理	B-08	生产技术管理	B-08-01
			生产信息化管理	B-08-02
			输电运维管理	B-08-03
			输电检修管理	B-08-04
			变电运维管理	B-08-05
			变电检修管理	B-08-06
			配电运维管理	B-08-07
			配电检修管理	B-08-08
			带电作业管理	B-08-09
			直流设备运检管理	B-08-10
			电网运维检修管理其他	B-08-11
9	电力营销管理	B-09	市场管理	B-09-01
			营业管理	B-09-02
			电费电价管理	B-09-03
			计量管理	B-09-04
			客户服务管理	B-09-05
			智能用电管理	B-09-06
			农电管理	B-09-07
			稽查管理	B-09-08
			电力营销管理其他	B-09-09
10	电力市场交易管理	B-10	电力交易管理	B-10-01
			电力市场管理	B-10-02
			电力结算管理	B-10-03
			电力市场交易管理其他	B-10-04
11	安全监察质量管理	B-11	生产安全监察	B-11-01
			基建安全监察	B-11-02
			应急管理	B-11-03
			质量监督管理	B-11-04
			保卫管理	B-11-05
			消防管理	B-11-06
			安全监察质量管理其他	B-11-07
12	科信环保管理	B-12	科技管理	B-12-01
			信息管理	B-12-02
			通信管理	B-12-03
			智能电网管理	B-12-04
			环保管理	B-12-05
			科信环保管理其他	B-12-06

表 2　管理类岗位分类（续）

序号	中类	中类代码	小类	小类代码
13	党群管理	B-13	党务管理	B-13-01
			团青管理	B-13-02
			纪检监察管理	B-13-03
			工会管理	B-13-04
			企业文化与宣传管理	B-13-05
			离退休管理	B-13-06
			党群管理其他	B-13-07
14	审计管理	B-14	生产经营审计	B-14-01
			投资 / 基建审计	B-14-02
			审计管理其他	B-14-03
15	行政事务管理	B-15	秘书 / 文书管理	B-15-01
			会议、接待 / 外事管理	B-15-02
			档案管理	B-15-03
			值班 / 信访管理	B-15-04
			后勤管理	B-15-05
			新闻 / 公共关系管理	B-15-06
			品牌建设管理	B-15-07
			保密管理	B-15-08
			行政事务管理其他	B-15-09
16	企业基础管理	B-16	企业法制管理	B-16-01
			运营监测（控）管理	B-16-02
			政策研究管理	B-16-03
			标准化管理	B-16-04
			规章制度管理	B-16-05
			企业体制改革管理	B-16-06
			集体资产监督管理	B-16-07
			同业对标管理	B-16-08
			企业基础管理其他	B-16-09
17	教育管理	B-17	培训教学管理	B-17-01
			实训实习管理	B-17-02
			培训质量管理	B-17-03
			学员学生管理	B-17-04
			教育管理其他	B-17-05
18	物业管理	B-18	物业管理	B-18-01
19	其他管理	B-19	航空管理	B-19-01
			医疗卫生管理	B-19-02
			城市照明管理	B-19-03
			退二线中层管理	B-19-04
			其他管理	B-19-05

岗位分类描述

B-01 部门负责人

在单位负责人的领导下，负责组织、协调、指挥和控制特定资源，组织开展单位内某一职能部门或实施机构的工作，并对该职能部门或实施机构整体工作结果负责的岗位。本中类分为以下 19 个小类。

B-01-01 助理、副总师：协助单位负责人负责企业生产经营、党群管理等工作的高级管理岗位。

B-01-02 人力资源管理行政中层：人力资源管理职能部门负责人岗位。

B-01-03 财务管理行政中层：财务管理职能部门负责人岗位。

B-01-04 物资业务行政中层：物资业务管理实施机构负责人岗位。

B-01-05 规划管理行政中层：规划管理职能部门负责人岗位。

B-01-06 建设管理行政中层：工程建设管理职能部门负责人岗位。

B-01-07 运行管理行政中层：运行管理职能部门负责人岗位。

B-01-08 运检业务行政中层：运检业务管理实施机构负责人岗位。

B-01-09 营销业务行政中层：营销业务管理实施机构负责人岗位。

B-01-10 其他管理行政中层：企业其他管理职能部门负责人岗位。

B-01-11 其他业务行政中层：企业其他业务管理实施机构负责人岗位。

B-01-12 物资业务党群中层：物资业务党群管理实施机构负责人岗位。

B-01-13 规划业务党群中层：规划业务党群管理实施机构负责人岗位。

B-01-14 建设业务党群中层：建设业务党群管理实施机构负责人岗位。

B-01-15 运行业务党群中层：运行业务党群管理职能部门负责人岗位。

B-01-16 运检业务党群中层：运检业务党群管理实施机构负责人岗位。

B-01-17 营销业务党群中层：营销业务党群管理实施机构负责人岗位。

B-01-18 其他业务党群中层：其他业务党群管理实施机构负责人岗位。

B-01-19 其他管理党群中层：其他职能管理部门党群管理负责人岗位。

B-02 人力资源管理

为保障企业生产经营和持续发展所需人力资源的供给和配置而进行的相关工作，负责人力资源开发与管理的岗位。本中类分为以下 12 个小类。

B-02-01 干部管理　主要工作包括：

1）领导干部选拔、任用、培养和考核等管理工作；

2）企业外派董事、监事的管理与工作协调；

3）进行领导干部后备队伍建设；

4）领导干部因私出国（境）等日常管理等。

B-02-02 劳动组织　主要工作包括：

1）机构编制和岗位管理；

2）劳动定员管理；

3）“五位一体”机制建设、流程体系建设工作。

B-02-03 员工管理　主要工作包括：

1）员工招聘、配置和员工调动相关工作；

2）内部人力资源市场建设和运营管理；

3）员工劳动关系管理等；

4）人才援藏（疆）工作等。

B-02-04 薪酬管理　主要工作包括：

1）制定薪酬制度和方案，并组织实施；

2）建立薪酬激励机制，实施员工日常薪酬管理；

3）各项奖励管理等。

B-02-05 福利保障 主要工作包括：

1）落实国家福利保障政策，制定企业福利保障制度和方案，并组织实施；

2）福利计划的编制、申报、下达、调整、实施及过程管控、统计分析、考核评价等。

B-02-06 人力资源规划计划 主要工作包括：

1）人力资源规划的组织编制、修订完善，并组织实施；

2）人力资源计划的申报、审核、下达、调整、分析与评价工作等。

B-02-07 人力资源信息统计 主要工作包括：

1）人力资源基础信息完善、检查、监督和评价工作；

2）人力资源统计报表的编制与分析等。

B-02-08 绩效管理 主要工作包括：

1）实施组织绩效考核，制定组织（所属单位、部门）绩效考核的制度和方案，对组织绩效进行综合评价；

2）制定员工绩效管理的制度和方案，组织开展员工绩效管理工作，对所属单位和部门开展员工绩效管理进行指导和监督；

3）对组织和员工奖惩的管理；

4）员工劳动纪律、工作时间、休息休假管理等。

B-02-09 人才开发与培训 主要工作包括：

1）制定人才队伍建设和员工教育培训的制度和方案；

2）组织实施员工培训工作，对相关机构、单位和部门开展员工培训进行指导和监督等；

3）建立完善员工职业发展机制；

4）人才评价和职业技能鉴定的管理和特定人才的管理等。

B-02-10 社保管理 主要工作包括：

1）养老保险、医疗保险、失业保险、工伤保险、生育保险管理；

2）补充医疗保险、住房公积金和企业年金等管理工作等。

B-02-11 人事档案管理 主要工作包括：

1）档案材料的收集补充及鉴别、整理、归档工作；

2）档案的查询、借阅等日常管理工作等。

B-02-12 人力资源管理其他 主要工作包括：人力资源管理综合事务及其他相关工作。

B-03 财务资产管理

为保障企业生产经营和持续发展所需财务资源的有效使用而进行的相关工作，负责会计等财务管理的岗位。本中类分为以下 10 个小类。

B-03-01 预算 / 成本管理 主要工作包括：

1）编制企业财务规划和企业全面预算方案，制定资产经营目标，统筹调配经济资源，安排企业经营收支和投融资方案；

2）分析预算执行情况，定期对资产经营目标完成情况进行考核评价；

3）制定成本管理规则与标准，审核成本需求，编制成本投入方案；

4）组织制定降本增效措施，控制成本支出水平，分析成本支出情况。

B-03-02 资产 / 产权管理 主要工作包括：

1）制定资产管理制度、办法，并组织实施；

2）资本运营、股权投资、资产重组等产权管理；

3）固定资产、库存材料等企业资产的价值管理；

4）财产保险管理，开展投保、索赔等工作；

5）基建、技改等项目财务管理。

B-03-03 收入 / 价格管理 主要工作包括：

1）根据国家相关政策法规和相关数据，进行上网电价、输配电价和销售电价的测算；

2）结合国家电价政策和企业经营状况，对上网电价、销售电价的执行情况进行分析，对企业经营决策提供依据和建议等。

B-03-04 资金管理 主要工作包括：

1）根据企业生产经营、基建投资等计划，编制资金使用计划和现金流量表；

2）完成银行信贷等资金筹措工作；

3）根据资金使用计划，进行资金分配、划拨和运用；

4）电量交易的资金结算；

5）对资金的运用过程进行监督和控制等。

B-03-05 财税管理 主要工作包括：

1）企业税务核算和纳税申报；

2）企业发票管理；

3）开展税收筹划和纳税分析工作，配合做好纳税检查工作；

4）财政性资金争取工作，财政性资金管理和监督工作。

B-03-06 财务稽核 主要工作包括：

1）复核会计凭证、会计账簿、会计报表及其他会计资料的真实性、完整性和准确性；

2）审核企业各项经济业务或财务收支的合规性；

3）核对企业各项财产物资的增减变动和结存与账面记录的相符情况等。

B-03-07 会计核算 / 财务分析 主要工作包括：

1）汇总、审核会计信息与凭证；

2）记录并核算企业收入和成本费用等会计信息；

3）编制会计报表和各类财务数据的分析与管理；

4）各类专项业务的财务分析与管理。

B-03-08 工程财务管理 主要工作包括：

1）制定工程财务管理方面的制度、办法，并组织实施；

2）工程标准成本体系的构建、费用标准的滚动修订工作；

3）工程项目前期费用、财务费用、工程保费的分摊、往来账项核对工作以及工程项目核算与竣工决算；

4）工程财务管理的考核、评价工作，配合工程财务审计、检查等。

B-03-09 内部控制与风险管理 主要工作包括：

1）实施财务内控标准系统固化工作，组织开展财务内部控制的执行、评价、完善工作；

2）组织开展全面风险管理工作；

3）建立、更新财务风险信息库，制定财务风险控制方案，开展全面风险梳理、识别、控制、分析工作等。

B-03-10 财务管理其他 主要工作包括：

1）财务信息化工作；

2）财务档案资料管理；

3）财务管理综合事务及其他相关工作。

B-04 物资（招投标）管理

为落实企业集中规模招标政策，保障企业物资的有效供应和使用而进行的相关工作，负责招投标管理、物资采购供应、仓储保管、物流配送及回收利用等管理的岗位。本中类分为以下 7 个小类。

B-04-01 物资计划管理 主要工作包括：

1）物资类需求计划收集、汇总、预审、整理、统计报送及资金计划管理工作；

2）工程及服务类需求计划收集、汇总、预审、整理和统计报送工作；

3）采购策略的管理工作；

4）落实平衡利库工作。

B-04-02 招标采购管理 主要工作包括：

1）受理物资、工程及服务项目的采购申请，组织编制招标（非招标）采购的采购方案和采购文件；

2）组织实施招标（非招标）采购的评标、谈判、询价活动；

3）受理接收、保存、转移、整理及移交招标（非招标）采购的相关文件；

4）编制评标专家抽取方案、抽取专家及评标专家培训、专家信息库的维护；

5）电子商务平台的数据管理及维护；

6）协调招标（非招标）采购活动相关各方的关系；

7）招标（非招标）采购综合管理事务及其他相关事项。

B-04-03 仓储配送管理 主要工作包括：

1）组织编制仓储配送计划；

2）组织实施应急物资保障管理；

3）管理和协调物资储存、物流配送，确保物资充足、物流畅通；

4）管理废旧物资设备的回收利用和回收商。

B-04-04 物资合同管理 主要工作包括：

1）物资采购合同的签订、结算和信息系统应用等具体实施工作；

2）物资合同文件材料的收集、整理、归档和保管等工作；

3）物资合同签订和结算等信息的统计、分析；

4）物资合同签订和结算问题的统筹协调。

B-04-05 物资供应管理 主要工作包括：

1）编制、调整物资供应计划，协调开展物资配送；

2）协调处理合同履约过程中出现的问题；

3）负责组织开展物资到货后的供应商现场服务工作；

4）设置统一的业务受理电话，统一受理、处理物资到货需求、调配申请以及各类业务咨询；

5）监控物资供应过程，发布预警信息，开展物资调配、应急物资调配工作；

6）负责库存物资的报废申请、处置计划及报废手续办理；

7）负责废旧物资处置竞价计划、回收商资质审查与日常管理。

B-04-06 物资质量监督管理 主要工作包括：

1）组织设备材料的监造、抽检工作，对设备材料质量进行监督；

2）组织或参与供应商产品质量问题的调查和处理；

3）汇总分析设备在设计、制造、验收、安装、运行、报废等阶段的全寿命周期质量信息；

4）组织实施供应商关系管理和服务等相关工作，负责供应商资质业绩核实、绩效评价、不良行为处理、供应商分级管理、开展供应商服务中心相关业务；

5）质量监督信息系统及供应商管理平台数据维护；

6）按照抽检计划实施设备材料的抽检工作。

B-04-07 物资（招投标）管理其他 主要工作包括：

1）物资标准化与信息化工作（含电子商务）；

2）物资督查和管理考评；

3）物资档案管理；

4）物资（招投标）管理综合事务及其他相关工作。

B-05 规划计划管理

负责编制企业综合性及各业务领域的规划计划，并对规划计划的实施情况进行统计与分析评价的岗位。本中类分为以下8个小类。

B-05-01 企业战略规划 主要工作包括：

1）组织制定企业发展战略和中长期发展规划；

2）组织开展能源、电力发展规划重大问题研究；

3）组织开展新能源发展有关政策研究。

B-05-02 电网规划 主要工作包括：

1）组织对所辖电网中长期电力需求预测和能源电力流向进行研究；

2）组织编制辖区各级电网规划；

3）组织研究配电自动化、电网智能化及通信网规划等专项规划；

4）开展电源（用户）接入系统管理；

5）组织电网基建独立二次项目可研编制及审查。

B-05-03 综合计划 主要工作包括：

1）综合计划的编制、调整、执行与监督考核；

2）企业年度、季度或月度生产经营计划的编制、调整与监督考核；

3）组织开展经济活动分析；

4）开展电力负荷特性研究，组织电力市场分析报告编制、上报。

B-05-04 项目前期管理 主要工作包括：

1）电网基建项目前期计划的编制、督促与考核、项目可研、支持性文件办理和核准等工作；

2）协调电力设施迁改工作。

B-05-05 综合统计分析 主要工作包括：

1）负责生产统计、投资统计、农网统计管理，相关月报、季报、年报的编制、分析和上报；

2）组织开展发展业务综合统计工作；

3）负责统计数据发布。

B-05-06 投资管理 主要工作包括：

1）组织投资策略的研究；

2）组织电网基建、零星资产及专项投资计划编制、上报、分解、实施、调整与监督考核；

3）电网基建项目新开工计划管理；

4）组织开展投资评估和项目后评价。

B-05-07 线损管理 主要工作包括：

1）线损计划、线损指标管理；

2）线损中长期预测及降损策略研究。

B-05-08 规划计划管理其他 主要工作包括：

1）能源电力重大问题研究；

2）节能减排相关工作；

3）规划信息化工作；

4）规划计划管理综合事务及其他相关工作。

B-06 工程建设管理

负责建设工程安全、质量、进度、造价、技术等管理的岗位。本中类分为以下5个小类。

B-06-01 工程技术经济管理 主要工作包括：

1）进行工程项目造价技术分析，审核或编制概预算相关报告，评审及批复工程初步设计；

2）工程项目造价控制、初设概算、竣工结算等技经管理；
3）对工程项目造价进行技术经济分析，为管理决策提供建议或解决方案；
4）配合对工程项目的审计，负责项目的合同签订、管理工作，负责工程定额管理等。

B-06-02 工程建设管理 主要工作包括：
1）编制工程项目进度计划；
2）跟进、监督工程项目进度计划执行情况；
3）进行工程项目的技术分析，审核相关报告；
4）发现并参与解决项目技术难题；
5）参建队伍管理，协调工程建设各方关系，解决相关问题。

B-06-03 工程安全质量管理 主要工作包括：
1）组织检查工程项目，落实工程安全管理制度情况；
2）跟踪工程项目建设，发现并监督解决项目质量问题，监督工程项目重大风险管控；
3）进行工程项目的技术质量分析，审核相关报告；
4）组织开展工程日常质量监督检查，协调、解决工程质量相关问题；
5）参与或配合工程项目质量和安全事故的调查等。

B-06-04 工程设计管理 主要工作包括：
1）基建技术标准和规范管理；
2）基建设计咨询技术管理和评审人员技术资质管理；
3）设计单位资信评价管理；
4）通用设计、通用设备规划、编制、应用及考评管理；
5）依托工程新技术研究成果制订应用计划和组织实施。

B-06-05 工程建设管理其他 主要工作包括：
1）企业工程建设综合评价、年度考核工作；
2）基建信息化管理；
3）工程建设工作资料和档案管理等综合事务及其他相关工作。

B-07 电网运行管理

负责电网调度运行及相关专业管理的岗位。本中类分为以下 9 个小类。

B-07-01 系统运行管理 主要工作包括：
1）电网系统运行的专业管理和有关技术标准的归口管理；
2）电网运行方式及新设备投产管理；
3）发电厂涉网技术管理；
4）电网稳控策略管理；
5）无功电压技术管理、稳定计算管理。

B-07-02 调控运行管理 主要工作包括：
1）电网调控运行专业管理和有关技术标准、联合预案的归口管理；
2）运行值班人员持证上岗和电网频率考核管理；
3）组织、指挥和协调电网运行和事故处理。

B-07-03 调度计划管理 主要工作包括：
1）电网调度计划专业管理和有关技术标准的归口管理；
2）电网负荷预测、调度计划及安全校核管理；
3）电网短期及日前交易管理；
4）三公调度及信息发布管理；
5）停电计划管理和节能发电调度管理。

B-07-04 继电保护管理 主要工作包括：

1）继电保护的专业管理和有关技术标准的归口管理；

2）电网继电保护装置及稳控装置管理；

3）继电保护技术监督；

4）继电保护全过程管理；

5）继电保护反措制定和整改管理。

B-07-05 自动化管理 主要工作包括：

1）调度自动化专业管理和有关技术标准的归口管理；

2）调度自动化系统（设备）的运行和建设管理；

3）电力系统二次安全防护管理；

4）自动化专业技术监督管理。

B-07-06 设备监控管理 主要工作包括：

1）电网和场站端变电设备监控的专业管理和有关技术标准的归口管理；

2）输变电设备状态在线监测与分析业务管理。

B-07-07 水电管理 主要工作包括：

1）水电技术专业管理工作和有关技术标准的归口管理；

2）水电并网调度管理，监督指导所辖电网内水电厂水库安全、经济运行和清洁能源优先调度；

3）水文气象信息运用工作管理；

4）参与防汛有关工作。

B-07-08 新能源管理 主要工作包括：

1）新能源技术专业管理工作和有关技术标准的归口管理；

2）监督指导所辖电网内新能源电厂安全、经济运行和清洁能源优先调度，制定专业发展规划；

3）新能源入网检测、并网调度管理。

B-07-09 电网运行管理其他 主要工作包括：

1）电网调控应急、安全内控、标准化、电网建设项目前期管理、资料管理等；

2）电网运行信息化工作；

3）电网运行管理综合事务及其他相关工作。

B-08 电网运维检修管理

为保障电网系统的安全性、可靠性及效益性而进行的相关工作，负责电网系统运行、维护、检修等相关专业或业务的管理岗位。本中类分为以下 11 个小类。

B-08-01 生产技术管理 主要工作包括：

1）电网设备专业技术管理、技术监督，设备技术标准和预防事故措施制定；

2）技术降损、电压无功、电能质量及设备运行指标管理；

3）新设备、新装置、新材料挂网试运行管理及推广应用；

4）参与规划设计、设备物资采购（技术规范书编审把关）、设备质量抽检等工作；

5）组织设备定期运行分析和状态评价；

6）电网资产及运维检修环节设备全寿命资产周期管理。

B-08-02 生产信息化管理 主要工作包括：PMS 等运维检修信息化系统及数据应用评价管理。

B-08-03 输电运维管理 主要工作包括：

1）输电（电缆）设备日常运行管理，组织开展月度、季度、年度及专题运行分析；

2）输电（电缆）设备巡视维护、通道管理、检测管理，并进行异常、故障和事故的调查分析；

3）输电（电缆）新设备交接验收及生产准备；

4）输电（电缆）设备通道防护、宣传管理；

5）重要保电管理。

B-08-04 输电检修管理 主要工作包括：
1）输电（电缆）设备状态检修管理；
2）输电（电缆）设备状态检修计划编制，作业方案、检修工艺、现场标准化作业管理；
3）输电（电缆）设备状态检（监）测、动态评价、缺陷管理、隐患排查治理、故障抢修管理；
4）输电（电缆）新设备交接验收；
5）提出技改大修及业务外包项目需求并组织实施；
6）重要保电管理。

B-08-05 变电运维管理 主要工作包括：
1）变电设备日常运行管理，组织开展月度、季度、年度及专题运行分析；
2）变电设备巡视、操作等运维管理，变电站建设、改造管理，异常、故障和事故的调查分析；
3）变电新设备交接验收及生产准备；
4）变电设施防汛、安防、安保、消防管理；
5）重要保电管理。

B-08-06 变电检修管理 主要工作包括：
1）变电设备状态检修管理；
2）变电设备状态检修计划编制，作业方案、变电设备检修工艺、检修质量、现场标准化作业管理；
3）变电设备状态检（监）测、动态评价、缺陷管理、隐患排查治理、故障抢修管理；
4）提出技改大修及业务外包项目需求并组织实施；
5）变电新设备交接验收；
6）重要保电管理。

B-08-07 配电运维管理 主要工作包括：
1）配电（电缆）设备日常运行管理，组织开展月度、季度、年度及专题运行分析；
2）配电（电缆）设备巡视、操作等运维管理，配电设备故障分析；
3）配电（电缆）新设备交接验收及生产准备；
4）配电（电缆）设施防汛、安防、安保、消防管理；
5）配电（电缆）线路通道防护和防外力破坏管理；
6）重要保电管理；
7）配电自动化专业工作、分布式电源等新能源在智能配电网的管理。

B-08-08 配电检修管理 主要工作包括：
1）配电（电缆）设备日常状态评价管理；
2）配电（电缆）设备缺陷管理，隐患排查治理及故障抢修管理；
3）配电（电缆）新设备交接验收；
4）配电（电缆）设备检修工艺和现场标准化作业管理；
5）提出技改大修及业务外包项目需求并组织实施；
6）重要保电管理；
7）配电自动化专业工作、分布式电源等新能源在智能配电网的管理。

B-08-09 带电作业管理 主要工作包括：
1）带电作业工艺及标准化作业管理；
2）带电作业故障抢修管理；
3）配网不停电作业管理。

B-08-10 直流设备运检管理 主要工作包括：
1）直流设备运维（含台账、现场标准化作业等）管理，组织开展月度、季度、年度及专题运行分析；
2）负责直流设备状态检（监）测、状态管理、缺陷管理、隐患排查治理及生产应急管理，并进行异常、故障和事故的调查分析；

3）直流设备检修及更新改造等大型项目管理；

4）直流新设备交接验收及生产准备；

5）重要保电管理。

B-08-11 电网运维检修管理其他 主要工作包括：

1）水电（抽蓄）运维检修归口管理；

2）生产服务车辆管理；

3）运检绩效管理；

4）电网实物资产管理与评价工作；

5）配电自动化建设改造及实用化应用工作，配电自动化终端设备运维管理及项目验收等工作；

6）配网建设改造管理，配电设备技改大修及业务外包项目实施，参与配网规划、业扩报装方案制定审查等工作；

7）检修计划的编制、下达、总结及监督实施，停电计划安排的沟通协调；

8）负责电网技改大修计划编制及项目的前期管理，制定电网技改大修原则计划执行情况统计分析，组织项目技经分析等工作；

9）防灾减灾、防汛管理，电网运检管理综合事务及其他相关工作；

10）配网工程管理内容，包括项目储备、物资、服务招标需求管理、工程项目审批等。

B-09 电力营销管理

为保障营销服务质量、提高营销工作效益而进行的相关工作，负责市场和营销活动管理的岗位。本中类分为以下 9 个小类。

B-09-01 市场管理 主要工作包括：

1）销售市场分析与预测、市场开拓等；

2）需求侧能效管理与节能服务管理；

3）有序用电管理；

4）自备电厂管理、大用户直接交易等。

B-09-02 营业管理 主要工作包括：

1）业扩报装、用电检查、反窃电、业务收费、供电营业区、客户档案与合同管理；

2）销售电价执行、电费抄表、核算、收费、账务管理以及缴费渠道建设；

3）协调解决供用电纠纷；

4）争取政府出台各类营业配套政策；

5）营销指标收集、统计与分析，营销运行动态及战略分析等。

B-09-03 电费电价管理 主要工作包括：

1）开展输配电价测算研究，负责上网电价管理；

2）开展电价分析管理工作；

3）配合开展输配电成本监审工作，为公司争取合理的电价工作环境；

4）负责销售电价管理以及收费政策研究等。

B-09-04 计量管理 主要工作包括：

1）计量标准设备、试验仪器、计量器具、用电信息采集终端等资产的全寿命周期管理；

2）计量及用电信息采集系统技术管理、建设和运维管理；

3）用电信息密钥管理；

4）计量授权。

B-09-05 客户服务管理 主要工作包括：

1）制定营业厅、呼叫中心等客户咨询、业务受理的业务流程、标准、规范并监督实施；

2）组织并参与大客户服务工作；
3）客户服务方案和客户服务品质的管理工作；
4）客户安全、合法用电等管理工作。

B-09-06 智能用电管理 主要工作包括：
1）电动汽车充换电设施项目建设、运营管理；
2）企业电动汽车充换电设施标准体系管理；
3）智能充换电服务网络相关研究管理；
4）分布式电源运营管理；
5）智能小区及光纤入户管理等。

B-09-07 农电管理 主要工作包括：
1）对供电所进行管理；
2）农电综合管理与统计；
3）配合开展农电低维费的使用管理。

B-09-08 稽查管理 主要工作包括：
1）营销整体运营状况和业务全过程监控和稽查、督办重大投诉和举报；
2）现场稽查管理。

B-09-09 电力营销管理其他 主要工作包括：
1）营销信息化工作；
2）营销管理综合事务及其他相关工作。

B-10 电力市场交易管理

为贯彻电力市场体系建设要求、保障企业生产经营安全和稳定进行，在电力交易机构负责电力交易的岗位。本中类分为以下 4 个小类。

B-10-01 电力交易管理 主要工作包括：
1）电力交易合同管理；
2）发电权交易、跨省跨区双边交易、抽水电量招标等市场交易管理；
3）发电机组并网运行管理考核；
4）统调电厂煤炭供、耗、存情况统计及相关报表的维护管理；
5）电力交易咨询与服务管理等。

B-10-02 电力市场管理 主要工作包括：
1）电力市场方案、电力市场规则编制；
2）电力交易运行系统建设管理；
3）电力新交易品种及电力市场课题与理论研究；
4）合规风险管理。

B-10-03 电力结算管理 主要工作包括：
1）月度电力交易计划管理、全口径上网电量结算管理以及辅助服务补偿结算管理；
2）定期进行季度、年度电力市场供需平衡分析预测，开展电力市场平衡管理；
3）组织开展购电分析工作，依据结算数据形成统计分析报表等。

B-10-04 电力市场交易管理其他 主要工作包括：
1）电力交易信息发布；
2）电力交易大厅管理，电力市场交易管理综合事务及其他相关工作。

B-11 安全监察质量管理

为保障企业生产和基建安全，负责安全监察、消防保卫等工作管理的岗位。本中类分为以下 7 个小类。

B-11-01 生产安全监察 主要工作包括：

1）制定生产类业务安全生产的标准、规程、制度、办法；

2）监督生产类业务安全生产各项标准、规程、制度、办法及上级指示的贯彻执行情况，发现重大问题和隐患及时予以纠正，并进行相应的考核和奖惩；

3）组织或参与生产类业务安全事故调查处理；

4）进行生产类业务安全事故和安全形势的统计分析；

5）组织开展生产类业务的安全生产培训和相关宣传教育等。

B-11-02 基建安全监察 主要工作包括：

1）组织制定基建类业务安全管理的标准、规程、制度、办法并监督执行，发现重大问题和隐患及时纠正，进行相应的考核和奖惩；

2）组织或参与基建类业务安全事故调查处理；

3）基建类业务安全事故和安全形势的统计分析；

4）组织开展基建类业务的安全生产培训和相关宣传教育等。

B-11-03 应急管理 主要工作包括：

1）制定应急管理业务的标准、规程、制度、办法和应急预案；

2）安全生产突发事件应急管理及组织协调；

3）安全生产应急办公室和应急指挥中心日常管理；

4）安全生产应急体系建设归口管理及监督检查；

5）组织开展应急演练及应急队伍培训等。

B-11-04 质量监督管理 主要工作包括：

1）全寿命周期管理；

2）电力可靠性管理；

3）电压合格率的监督；

4）制造类业务的产品质量监督管理；

5）对工程质量、服务质量、运行质量等关键质量指标进行监督。

B-11-05 保卫管理 主要工作包括：

1）社会治安综合治理和治安保卫工作；

2）重点工程建设安全保卫工作；

3）开展公安部门外联工作，参与打击盗窃电力设施犯罪、反窃电和治安刑侦工作；

4）集体户口管理等。

B-11-06 消防管理 主要工作包括：

1）制定消防管理制度、标准、工作计划，并组织实施；

2）开展消防业务培训和消防知识宣传教育活动；

3）制（修）订火灾应急疏散预案、消防安全责任书；

4）督促火灾隐患整改，对重点建筑防火设计的审核、验收进行监督检查；

5）配合开展消防灭火疏散演练，参与重大火灾事故的分析、调查与处理等。

B-11-07 安全监察质量管理其他 主要工作包括：

1）信息安全监察相关工作；

2）电力设施保护、交通、消防和防灾减灾的监督检查相关工作；

3）劳动保护、职业安全健康管理与监督；

4）安全监察质量管理综合事务及其他相关工作。

B-12 科信环保管理

为推动企业科技发展与创新及落实国家环境保护相关法律法规，保障企业信息系统稳定、可靠、安全运行从而保障企业生产经营顺利实施而进行的相关工作，负责科技管理、信息管理、通信管理、环保管理等的岗位。本中类分为以下6个小类。

B-12-01 科技管理 主要工作包括：

1）制定企业科技发展战略和相关规划计划；

2）进行科技开发、技术攻关、成果转化等科技项目组织、协调和管理；

3）新技术、新材料、新工艺的推广；

4）组织实施科技成果鉴定；

5）科技知识产权管理等。

B-12-02 信息管理 主要工作包括：

1）组织编制企业信息化发展规划计划并组织实施；

2）组织开展信息化项目管理；

3）组织开展信息系统运维、检修及安全管理；

4）组织开展信息系统应用管理；

5）组织开展其他信息化综合性事务管理。

B-12-03 通信管理 主要工作包括：

1）制定、修订或审核通信设备、缆路运行和检修的业务流程、标准、规范并监督实施；

2）组织编制通信发展规划；

3）组织编制通信设备、缆路运行、检修、更新改造等的工作计划并组织或监督落实；

4）组织实施通信项目管理；

5）组织通信系统技术分析，撰写或审核相关报告。

B-12-04 智能电网管理 主要工作包括：

1）制定智能电网相关的标准规范、流程，规划、开发并推广新技术与新装置；

2）组织智能电网相关业务故障诊断技术的研究与制定；

3）参与或组织与智能电网相关的科技项目设计、论证、研发及审核；

4）组织开展智能电网业务管理人员、技术人员的教育培训与资质认定工作。

B-12-05 环保管理 主要工作包括：

1）制定环境保护、水土保持和职业卫生相关的制度、标准、规范；

2）建设项目全过程环境保护、水土保持及职业卫生监督管理；

3）组织实施环保技术监督和环境污染治理，监督环境保护纠纷和环境突发事件的处理；

4）开展环境保护、水土保持及职业卫生宣传与培训，统计、考核环境保护、水土保持及职业卫生管理工作；

5）协调环境、水利等行政主管部门与环保工作有关的公共关系。

B-12-06 科信环保管理其他 主要工作包括：科信环保管理综合事务及其他相关工作。

B-13 党群管理

根据党团组织、工会组织的章程和相关法律、规定而进行的相关工作，负责企业内部党群组织工作和思想政治工作的岗位。本中类分为以下7个小类。

B-13-01 党务管理 主要工作包括：

1）处理企业党组织的日常事务；

2）企业党组织建设；

3）组织开展思想政治工作等。

B-13-02 团青管理 主要工作包括：

1）处理企业团组织的日常事务；

2）企业团组织建设；

3）组织开展青年思想政治工作。

B-13-03 纪检监察管理 主要工作包括：

1）监督所属部门、单位领导班子成员执行党和国家路线、方针、政策、法律、法规的情况；

2）进行党风、行风、廉政建设工作的指导、监督和检查；

3）进行效能监察、优质服务监督和招标采购的监督工作；

4）受理企业内部投诉、举报事件，进行案件查处；

5）干部的党风、党纪、政纪教育和廉政建设的考核等。

B-13-04 工会管理 主要工作包括：

1）企业工会组织建设；

2）开展班组建设；

3）组织实施员工民主管理和权益维护；

4）组织开展生产生活和群众性文体活动等；

5）女工工作等。

B-13-05 企业文化与宣传管理 主要工作包括：

1）组织开展企业文化建设；

2）进行员工宣传教育；

3）企业精神文明建设；

4）学习型企业建设等。

B-13-06 离退休管理 主要工作包括：

1）落实离退休人员政治、生活待遇的相关政策；

2）进行离退休人员的访问和关怀；

3）进行离退休人员党支部建设；

4）进行离退休人员的服务与管理，信息统计及报送；

5）接待离退休人员的来信来访；

6）制定离退休人员文化体育活动计划，并组织实施等。

B-13-07 党群管理其他 主要工作包括：党群管理综合事务及其他相关工作。

B-14 审计管理

为保障企业经济活动的正常和安全运行而进行的相关工作，负责审计工作的岗位。本中类分为以下3个小类。

B-14-01 生产经营审计 主要工作包括：

1）对企业资产经营的合规性和效益性进行审计检查；

2）对财务收支的真实性和合规性进行审计检查；

3）对预算组织和运行程序、预算编制和执行情况进行审计；

4）对企业内部控制体系的健全性和有效性进行审计等。

B-14-02 投资/基建审计 主要工作包括：

1）对固定资产投资和重大经济合同进行审计和评估；

2）对基建项目概预算执行情况进行审计调查；

3）对基建项目竣工决算进行审计；

4）对股权投资等长期投资的效益性进行审计等。

B-14-03 审计管理其他 主要工作包括：

1）审计信息化工作；

2）审计管理综合事务及其他相关工作。

B-15 行政事务管理

为支持和保障企业经营管理活动的顺利开展而进行的相关工作，负责企业各类行政事务管理的岗位。本中类分为以下 9 个小类。

B-15-01 秘书 / 文书管理 主要工作包括：

1）起草、审核各类文件、报告等文字材料；

2）公文职能管理，实施公文运转流程的管理等；

3）保密、机要职能管理；

4）文字及口头翻译；

5）对企业决策的执行情况进行督查督办，综合处理和协调内部管理关系。

B-15-02 会议、接待 / 外事管理 主要工作包括：

1）组织开展重要会议、接待事务，实施会议、接待工作管理；

2）组织协调并做好有关公务活动服务工作。

B-15-03 档案管理 主要工作包括：

1）根据《档案法》和国家及企业档案管理规章制度，进行企业各类档案收集、整理、鉴定、保管和统计；

2）根据企业实际需要，开展适用性档案的研究和利用工作等。

B-15-04 值班 / 信访管理 主要工作包括：

1）执行国家及企业信访工作有关政策法规；

2）实施信访管理；

3）开展办公信息工作，收集企业运转信息、协调处置突发重大事件；

4）统筹行政值班管理，以及领导干部外出请假报告等。

B-15-05 后勤管理 主要工作包括：

1）进行办公用品、物业、餐饮、车辆等后勤事务管理；

2）小型基建和非生产性技改、大修项目的归口管理；

3）后勤设施基建工程的新建、扩建、改造装修等工程管理；

4）办公及非生产性土地、房屋及其附属设施、设备管理；

5）后勤设备运维、检修、应急管理。

B-15-06 新闻 / 公共关系管理 主要工作包括：

1）围绕企业重点工作，运用文字、图片和影视等手段，组织策划对外新闻宣传报道，对内舆论氛围营造；

2）组织开展企业舆情监测和紧急应对工作；

3）处理企业对外公共关系管理及对外联络等相关事务；

4）企业社会责任和社会公益工作的组织协调管理。

B-15-07 品牌建设管理 主要工作包括：

1）开展品牌发展战略的研究工作；

2）企业品牌标识推广管理、业务指导、监督检查、完善维护等。

B-15-08 保密管理 主要工作包括：

1）完善保密工作机制，规范保密工作程序；

2）涉密人员、载体、活动、会议管理，涉密办公自动化设备的管理与使用；

3）保密工作的教育培训、监督检查；

4）密级的确定、变更、解密管理，泄密事件查处等。

B-15-09 行政事务管理其他 主要工作包括：

1）落实日常工作安排和领导交办事项，承办各类公务；

2）其他行政事务相关管理工作。

B-16 企业基础管理

为支持和保障企业经营、持续发展、生产管理等各项活动的顺利开展而进行的相关工作，负责企业各类法律事务管理、企业政策法规研究、规章制度管理和同业对标等企业综合性管理工作的岗位。本中类分为以下 9 个小类。

B-16-01 企业法制管理 主要工作包括：

1）制作相关法律文书，员工普法教育，用户普法宣传；

2）对企业合同的订立、履行进行审查、跟踪和管理；

3）制定和实施企业知识产权保护措施；

4）参与、协调企业法律诉讼，进行案件管理；

5）对企业管理活动是否符合法律法规进行合规审查并提出工作建议，进行内部法律咨询等。

B-16-02 运营监测（控）管理 主要工作包括：

1）制定运营在线监控方面的规章制度和方法；

2）企业各类业务活动和资源配置的稽核监控；

3）分析研判企业运营状况，为管理决策提供支撑等工作。

B-16-03 政策研究管理 主要工作包括：

1）国家、地方、行业等相关政策研究；

2）软课题项目组织研究；

3）进行调查研究，为企业科学决策及其他管理行为提供政策、信息、管理等方面的咨询或参谋等。

B-16-04 标准化管理 主要工作包括：

1）编制标准化工作规划、标准制修订计划，并组织实施；

2）标准制修订管理，标准实施与监督，流程建设运行管理；

3）标准化成果申报、评审、奖励、推广管理，标准化宣传培训工作等。

B-16-05 规章制度管理 主要工作包括：

1）规章制度内容的审查、审批、修订、定期发布、登记备案；

2）规章制度的差异化管理分析，规章制度信息化模块的推广与实施；

3）制度体系建设，组织通用制度的宣贯、检查与评估等。

B-16-06 企业体制改革管理 主要工作包括：企业划转、改制等体制改革管理工作。

B-16-07 集体资产监督管理 主要工作包括：

1）集体企业规范运作、资产经营管理；

2）集体企业管理情况监督、指导和考核等。

B-16-08 同业对标管理 主要工作包括：

1）制定同业对标管理办法、考核制度，并组织实施；

2）同业对标指标体系管理；

3）同业对标指标监测分析与应用管理；

4）同业对标典型经验管理等。

B-16-09 企业基础管理其他 主要工作包括：

1）全面质量管理；

2）企业协会、社团组织管理；

3）组织开展企业管理创新工作；

4）企业基础管理综合事务及其他相关工作。

B-17 教育管理

公司系统内各培训机构从事培训业务管理的岗位。本中类分为以下 5 个小类。

B-17-01 培训教学管理 主要工作包括：

1）编制培训教学计划并组织实施；

2）学籍管理、考试成绩管理；

3）课程建设、教材开发；
4）教学过程监督与评估；
5）培训教学项目与成果管理等。

B-17-02 实训实习管理 主要工作包括：
1）编制实践教学计划并组织实施；
2）实践教学过程监督与评估；
3）实训基地设施建设项目管理；
4）对实训室日常管理工作进行监督检查。

B-17-03 培训质量管理 主要工作包括：
1）制定培训教学督导工作计划并组织实施；
2）监督、检查、评估、审议、指导各专业培训部门的培训教学活动；
3）组织开展培训教学工作评估；
4）培训质量体系建设与运行。

B-17-04 学员学生管理 主要工作包括：
1）编制学员学生思想教育、日常管理工作计划并组织实施；
2）学员学生综合量化考核；
3）班主任培训、管理与考核；
4）勤工助学管理，奖、助学金评定发放工作；
5）毕业生就业指导、心理咨询、校友工作等。

B-17-05 教育管理其他 主要工作包括：教育管理综合事务及其他相关工作。

B-18 物业管理

B-18-01 物业管理 主要工作包括：负责建设物业服务质量管理体系及服务标准，负责客户服务和管理、房屋租赁管理、工程维修管理等相关工作，并对物业服务质量、安全进行管理、督导、考核等。

B-19 其他管理

为保证生产经营正常运行，运用管理知识，开展相关专业管理工作的岗位。本中类分为以下 5 个小类。

B-19-01 航空管理 主要工作包括：
1）制定航空器飞行、机务管理相关制度，运行手册、运行规范等规章制度的申请、更新；
2）统筹航线的归口管理、申报工作，协调航空器的初始适航、持续适航；
3）执行各作业部机场标准、手册的管理、报批；
4）制定维修生产计划，下达生产任务，组织实施维修工作。

B-19-02 医疗卫生管理 主要工作包括：
1）诊疗、检查、护理、药品、医疗器械等专业管理工作；
2）医疗档案管理工作；
3）其他医疗卫生管理工作。

B-19-03 城市照明管理 主要工作包括：
1）城市照明管理政策机制研究和分析；
2）组织城市照明工程实施管理及其他相关业务管理。

B-19-04 退二线中层管理 主要工作包括：管理退居二线的调研员、协理员等岗位的工作。

B-19-05 其他管理 主要工作包括：其他专业管理工作。

3.3 技术类

岗位分类

岗位分类见表 3。

表 3　技术类岗位分类

序号	中类	中类代码	小类	小类代码
1	规划设计技术	C-01	电网规划设计技术	C-01-01
			电网规划评审技术	C-01-02
			项目可研设计技术	C-01-03
			项目可研评审技术	C-01-04
			接入可研设计技术	C-01-05
			接入可研评审技术	C-01-06
			项目前期技术	C-01-07
			规划设计技术其他	C-01-08
2	工程建设技术	C-02	工程技经技术	C-02-01
			工程设计技术	C-02-02
			设计评审技术	C-02-03
			工程质量监督技术	C-02-04
			工程施工技术	C-02-05
			工程项目管理技术	C-02-06
			工程监理技术	C-02-07
			特高压施工装备技术	C-02-08
			工程建设技术其他	C-02-09
3	电网调控运行技术	C-03	电力调控技术	C-03-01
			运行方式技术	C-03-02
			调度计划技术	C-03-03
			继电保护技术	C-03-04
			自动化技术	C-03-05
			水电及新能源运行技术	C-03-06
			配网调控运行技术	C-03-07
			设备监控技术	C-03-08
			电网调控运行技术其他	C-03-09
4	电网运维检修技术	C-04	输电运检技术	C-04-01
			变电运维技术	C-04-02
			变电检修技术	C-04-03
			配电运检技术	C-04-04
			直流设备运检技术	C-04-05
			设备状态评价技术	C-04-06
			运检信息技术	C-04-07
			技术监督	C-04-08
			站用直流运检技术	C-04-09
			电网运维检修技术其他	C-04-10

表 3　技术类岗位分类（续）

序号	中类	中类代码	小类	小类代码
5	电力营销技术	C-05	大客户业扩报装技术	C-05-01
			稽查技术	C-05-02
			计量技术	C-05-03
			智能用电技术	C-05-04
			电动汽车服务技术	C-05-05
			节能服务技术	C-05-06
			电力营销技术其他	C-05-07
6	技术支持与科学研究	C-06	新能源发电及接入技术研究	C-06-01
			输变电技术研究	C-06-02
			配用电技术研究	C-06-03
			大电网安全与控制技术研究	C-06-04
			电网信息技术研究	C-06-05
			电网通信技术研究	C-06-06
			基础支撑技术研究	C-06-07
			决策支持技术研究	C-06-08
			电网运行技术支持	C-06-09
			网源协调技术支持	C-06-10
			电源技术监督	C-06-11
			科学研究技术其他	C-06-12
7	信息通信技术	C-07	电力信息技术	C-07-01
			电力通信技术	C-07-02
			通信技术监督	C-07-03
			信息技术监督	C-07-04
			信息安全技术监督	C-07-05
			信息技术其他	C-07-06
			通信技术其他	C-07-07
8	教育培训技术	C-08	管理类培训教学技术	C-08-01
			技术类培训教学技术	C-08-02
			技能类培训教学技术	C-08-03
			培训组织与实施技术	C-08-04
			培训资源开发技术	C-08-05
			人才评价实施技术	C-08-06
			技能鉴定与考核技术	C-08-07
			教学机房及设备管理技术	C-08-08
			实训基地及教学设备管理技术	C-08-09
			图书馆及图书资料管理技术	C-08-10
			学历教育技术	C-08-11
			教育培训技术其他	C-08-12

表 3 技术类岗位分类（续）

序号	中类	中类代码	小类	小类代码
9	物资技术	C-09	物资计划技术	C-09-01
			招标采购技术	C-09-02
			物资合同技术	C-09-03
			物资供应技术	C-09-04
			物资质量监督技术	C-09-05
10	其他技术	C-10	医疗卫生技术	C-10-01
			城市照明技术	C-10-02
			碳资产运营技术	C-10-03
			其余研发技术	C-10-04
			投资开发技术	C-10-05
			其他专业技术	C-10-06

岗位分类描述

C-01 规划设计技术

负责电网规划和工程设计技术支持的岗位。本中类分为以下 8 个小类。

C-01-01 电网规划设计技术 主要工作包括：

1）各级电网发展总体规划和专项规划研究编制；

2）公司发展相关业务专项调查、研究、分析工作和相关政策、环境、重大问题的研究，公司发展规划编制等工作；

3）750 kV 及以上交流和跨省交直流电网发展需求报告研究编制工作。

C-01-02 电网规划评审技术 主要工作包括：

1）评审相关电压等级电网规划；

2）能源布局、电网发展、智能电网及新能源发展规划研究；

3）协助评审公司发展规划、电网总体发展规划及有关专项规定等工作；

4）规划有关统计数据计算、分析、论证及有关分析报告编制等工作。

C-01-03 项目可研设计技术 主要工作包括：

1）电网前期专题调研；

2）相关电压等级电网项目可行性研究报告编制；

3）除电网基建项目外，其他专业项目（如小型基建、技术改造、生产大修、营销等）可行性研究报告编制工作。

C-01-04 项目可研评审技术 主要工作包括：

1）相应电压等级电网项目可研初审或评审等工作；

2）除电网基建项目外，其他专业项目（如小型基建、技术改造、生产大修、营销等）可研初审或评审。

C-01-05 接入可研设计技术 主要工作包括：

1）电源接入系统方案编制；

2）用户接入系统方案编制。

C-01-06 接入可研评审技术 主要工作包括：

1）电源接入系统方案初审或评审；

2）用户接入系统方案初审或评审；

3）趸售电网接入系统方案评审。

C-01-07 项目前期技术 主要工作包括：

1）编制可研报告、前期专题报告等工作；

2）具体落实项目路条、选址、可研、核准支持性文件及核准批复等前期工作。

C-01-08 规划设计技术其他 主要工作包括：开展电力需求预测、线损分析、经济活动分析、设计信息平台维护等规划设计其他相关工作。

C-02 工程建设技术

负责电网工程建设技术支持的岗位。本中类分为以下9个小类。

C-02-01 工程技经技术 主要工作包括：

1）电网工程建设造价控制、结算编制和造价咨询；

2）受托开展工程造价计价依据、造价信息及专业资质管理；

3）电力建设工程定额管理及研究等；

4）电网工程评价和结算评审等工作。

C-02-02 工程设计技术 主要工作包括：

1）电网工程可研、初设、施设、勘测及现场服务等；

2）基建新技术研究、标准化应用等。

C-02-03 设计评审技术 主要工作包括：

1）电网工程建设设计评审；

2）输变电工程的初步设计质量评价等。

C-02-04 工程质量监督技术 主要工作包括：

1）电网建设工程质量、安全监察；

2）受质量监督中心站委托开展电力工程质量监督。

C-02-05 工程施工技术 主要工作包括：

1）承揽电网工程建设任务，成立施工项目部，工程施工全过程安全、质量、技术、成本管理和施工协调管理，对分包工程管控等；

2）编制工程施工结算资料，收集、整理、归档和移交施工档案资料，参与工程竣工验收、达标投产和创优等工作。

C-02-06 工程项目管理技术 主要工作包括：

1）经授权组建项目部，落实项目管理责任制，参与项目招标、投标和合同签订；

2）履行工程建设项目过程管理职责，对项目目标进行安全、质量、技术、造价管理和建设协调管理工作；

3）归集工程资料，准备结算资料，参与工程竣工验收等工作；

4）接受审计，处理项目部解散后的善后工作；

5）协助完成项目检查、鉴定和评奖申报工作。

C-02-07 工程监理技术 主要工作包括：

1）根据建设单位委托，开展电力工程建设的投资、建设工期、工程质量、安全控制等；

2）信息管理和建设合同管理；

3）协调有关建设、施工、设计单位之间的工作关系；

4）开展工程质量评价并提交工程质量评价报告；

5）组织工程竣工初检，参与工程竣工验收等。

C-02-08 特高压施工装备技术 主要工作包括：特高压工程重大施工装备技术、安全等工作。

C-02-09 工程建设技术其他 主要工作包括：工程建设综合技术及其他相关技术。

C-03 电网调控运行技术

负责电网运行及相关业务的技术岗位。本中类分为以下9个小类。

C-03-01 电力调控技术 主要工作包括：

1）电网安全分析，评估电网安全裕度；

2）指挥电网运行操作组织制定预控措施和电网事故处理预案；组织本级调管范围内电网故障处置演练；

3）编制重要时期保电方案；

4）负责下级调控人员和直调系统厂站运维人员的调度业务培训、考核及持证上岗工作。

C-03-02 运行方式技术 主要工作包括：

1）电网安全稳定、设备接入及退役工作；

2）参与电网发展规划审查工作，从电网调度的角度，提出优化电网规划、完善电网结构和重大基建技改工程计划；

3）调度管辖范围内工程前期和新设备投产相关工作，安全自动装置配置方案的前期研究和控制策略制定；

4）负责电网无功电压、网损的技术管理工作。

C-03-03 调度计划技术 主要工作包括：

1）调度管辖系统日、月、年停电计划的编制，调度计划技术标准的制定；

2）负荷预测及电力电量平衡工作的管理与技术监督；

3）调度系统并网调度协议工作的管理；

4）编制直调系统的日发输电计划，直调电厂调度计划执行的管理和考核，安全校核工作（SA）、安全约束的机组组合优化（SCUC）工作。

C-03-04 继电保护技术 主要工作包括：

1）编制继电保护整定计算及定值方案；

2）参与电网继电保护设备调度运行管理、保护检验、缺陷处理、反措制定、事故通报等工作，并组织或监督落实；

3）组织、参加继电保护事故调查、分析，汇总并分析系统故障及继电保护动作情况，提出改进措施；

4）建立健全继电保护设备台账，做好继电保护运行统计分析评价和保护设备分析；

5）开展并网电厂和高压大用户的继电保护专业技术监督。

C-03-05 自动化技术 主要工作包括：

1）参与编制调度自动化系统的工作流程、标准、规范；

2）自动化系统（设备）的运行维护、故障与缺陷处理，开展调度自动化系统及调度数据网络安全防护；

3）编制调度自动化故障处理预案；

4）调度自动化系统与应用软件运行分析；

5）协调电网调度一体化技术支持系统的建设等。

C-03-06 水电及新能源运行技术 主要工作包括：

1）水电及新能源计划工作，协调梯级水电、风水、火电联合优化调度；

2）水电厂来水预报、水库调度优化、水电运行分析，气象信息应用和预报预警相关工作；

3）新能源电站运行信息实时监测和发电功率预测；

4）新能源集中接入地区接纳能力计算；

5）新能源电站并网适应性检测。

C-03-07 配网调控运行技术 主要工作包括：

1）配电网安全分析，评估配电网安全裕度；

2）组织制定配电网预控措施和事故处理预案，组织本级调管范围内电网故障处置演练；

3）编制重要时期保电方案；

4）配电网故障研判和抢修指挥技术管理与分析。

C-03-08 设备监控技术 主要工作包括：

1）设备监控信息的接入、变更和验收组织管理，负责变电站集中监控许可管理；

2）监控信息统计和分析管理，跟踪分析监控信息处置情况；

3）设备监控信息表规范管理；

4）输变电设备状态在线监测与分析业务管理。

C-03-09 电网调控运行技术其他 主要工作包括：电网调控运行的综合技术及其他相关技术。

C-04 电网运维检修技术

为保障电网系统的安全性、可靠性及效益性而进行的相关工作，负责电网系统的运维和检修的技术岗位。本中类分为以下 10 个小类。

C-04-01 输电运检技术 主要工作包括：

1）编制输电（电缆）运行及状态检修、更新改造等工作计划并落实；

2）开展输电运检技术的研究、创新工作，参与解决相关技术难题；

3）参与输电（电缆）状态检修及更新改造大型项目的实施；

4）进行输电（电缆）系统运行状态检修技术分析，制定设备状态检修策略；

5）进行输电（电缆）设备异常、故障和事故的调查与技术分析工作。

C-04-02 变电运维技术 主要工作包括：

1）审核变电站的现场运行规程；

2）编制变电设备运维的工作计划并组织或监督落实；

3）进行变电设备状态巡视，对各类运行数据进行分析，对设备状态进行评价，进行变电运行技术分析；

4）开展变电运维技术的研究、创新工作，参与解决相关技术难题；

5）参与实施变电设备更新改造的大型项目。

C-04-03 变电检修技术 主要工作包括：

1）编制变电设备状态检修策略、更新改造等工作计划并组织或监督落实；

2）开展变电检修技术的研究、创新工作，参与解决相关技术难题；

3）参与实施变电设备状态检修及更新改造的大型项目；

4）进行变电状态检修技术分析，制定设备状态检修策略；

5）进行变电设备异常、故障和事故的调查与技术分析工作。

C-04-04 配电运检技术 主要工作包括：

1）审核配电设备运行规程；

2）编制配电线路、电缆运行、带电作业、状态检修等工作的计划并组织或监督落实，参与编制配电线路、电缆建设发展规划；

3）开展配电线路、电缆运行等配电运检技术的研究、创新工作，参与解决相关技术难题；

4）参与实施配电线路、电缆检修及更新改造的大型项目；

5）进行配电系统技术分析，对设备状态进行评价，进行配电设备异常、故障和事故调查分析工作；

6）配电自动化技术、智能配电网技术研究。

C-04-05 直流设备运检技术 主要工作包括：

1）编制直流设备运维、检修、更新改造等工作计划并组织或监督落实；

2）进行直流设备状态巡视，对各类运行数据进行分析；

3）进行直流检修技术分析，制定设备状态检修策略，组织进行直流设备异常、故障和事故调查分析工作；

4）开展直流设备运检技术的研究、创新工作，参与解决相关技术难题；

5）参与实施直流设备检修及更新改造的大型项目。

C-04-06 设备状态评价技术 主要工作包括：

1）±660 kV及以下直流和500（300）～1 000 kV交流变电设备状态检测评估；

2）设备状态检测主站系统的运维、设备状态信息管理，生产信息化系统实用化评估；

3）设备状态评估、故障诊断、专业技术分析、退役设备技术鉴定；

4）电网设备性能抽检、交接试验、诊断性试验、带电检测，以及在线监测、带电检测装备、电气试验仪器仪表等入网检测和定期检定；

5）检修专业全过程技术监督、设备监造、技术交流与培训等工作，监督技术标准及反事故措施落实。

C-04-07 运检信息技术 主要工作包括：

1）PMS等运维检修信息化系统管理及数据应用评价；

2）生产信息系统推广与技术研究工作。

C-04-08 技术监督 主要工作包括：

1）开展电网设备全过程技术监督、运检专业技术监督以及专项技术监督工作；

2）负责设备高电压、防污闪工作实施；

3）组织制定并监督执行过电压、防污闪技术措施。

C-04-09 站用直流运检技术 主要工作包括：

1）编制变电站交直流电源设备运维、检修、更新改造等工作计划并组织或监督落实；

2）开展变电站交直流电源技术的研究、创新工作，参与解决相关技术难题；

3）进行变电站交直流电源技术分析，组织开展交直流电源设备运行数据以及异常、故障和事故调查分析工作。

C-04-10 电网运维检修技术其他 主要工作包括：电网运维检修的综合技术及其他相关技术。

C-05 电力营销技术

为保障电力营销工作顺利运行而进行的相关工作，负责电力营销相关技术的岗位。本中类分为以下7个小类。

C-05-01 大客户业扩报装技术 主要工作包括：

1）协助管理部门开展大客户业扩报装供电方案审查、设计审查、竣工验收、供用电合同审核、送电组织等工作；

2）编制大客户业扩报装工作计划并监督落实；

3）开展大客户业扩报装相关的供配电技术分析、论证、研究、培训及推广等。

C-05-02 稽查技术 主要工作包括：

1）协助管理部门开展营销稽查监控系统应用、稽查监控业务分析与挖掘；

2）监控、稽查和督办营销整体运营状况和业务运作全过程。

C-05-03 计量技术 主要工作包括：

1）计量体系管理；

2）开展智能电能表质量监督、用电信息采集建设与运维、装表接电等电能计量相关工作的质量检查和指导；

3）参与关口及重要客户电能计量方式的确定、重要关口电能计量装置及用电信息采集系统建设方案的审查和验收；

4）开展电能计量重大差错、故障的调查处理。

C-05-04 智能用电技术 主要工作包括：

1）制定、修订或审核智能用电相关的标准规范、流程，规划、开发并推广新技术与新装置；

2）开展智能用电相关业务故障诊断技术的研究，参与解决技术难题；

3）参与智能用电相关科技项目的设计、论证、研发及审核。

C-05-05 电动汽车服务技术 主要工作包括：电动汽车电池充换电设备和充换电站日常运维的技术支持。

C-05-06 节能服务技术 主要工作包括：向社会提供节能诊断、设计、融资、改造、运行及节能技术支持。

C-05-07 电力营销技术其他 主要工作包括：电力营销的综合技术及其他相关技术。

C-06 技术支持与科学研究

为推动企业科技发展与创新，保障企业生产经营安全和稳定进行，负责提供技术支撑的岗位。本中类分为以下 12 个小类。

C-06-01 新能源发电及接入技术研究 主要工作包括：

1）开展新能源发电及装备技术研究；

2）开展新能源发电网源协调技术研究。

C-06-02 输变电技术研究 主要工作包括：

1）开展特高压输变电技术研究；

2）开展一次设备及其智能化技术研究；

3）开展输变电设备运行及管理技术研究；

4）开展电网防灾减灾技术研究；

5）开展输变电工程设计与施工技术研究。

C-06-03 配用电技术研究 主要工作包括：

1）开展配电网技术研究；

2）开展用电服务技术研究；

3）开展电动汽车充换电技术研究；

4）开展分布式供电与微网技术研究。

C-06-04 大电网安全与控制技术研究 主要工作包括：

1）开展大电网安全分析与规划技术研究；

2）开展电网安全控制与保护技术研究；

3）开展常规电源网源协调技术研究；

4）开展电力系统自动化技术研究；

5）开展电力市场运营技术研究。

C-06-05 电网信息技术研究 主要工作包括：

1）对信息标准化进行研究；

2）开展电网信息技术支持服务；

3）按照国家标准，对 PMS 系统配电网数据和图形信息的正确性、完整性进行监督、指导；

4）通过输变电设备状态检测、雷电定位监测系统对设备状态信息进行研究、采集、处理和分析；

5）开展信息核查工作等。

C-06-06 电网通信技术研究 主要工作包括：

1）开展通信技术研究；

2）开展通信核查工作等。

C-06-07 基础支撑技术研究 主要工作包括：

1）开展电力电子技术研究；

2）开展大规模储能技术研究；

3）开展新材料及应用技术研究；

4）开展电网环保与节能技术研究；

5）开展电测量技术研究。

C-06-08 决策支持技术研究 主要工作包括：

1）开展能源电力发展与能源经济研究；

2）开展能源体制机制与政策研究；

3）开展电网电源协调发展与智能化研究；

4）开展公司战略与经营管理研究。

C-06-09 电网运行技术支持 主要工作包括：

1）系统分析计算、调度计划、调度运行、水电及新能源调度等技术支持；

2）继电保护、自动化等二次专业技术支持；

3）智能变电站联调等相关技术支持；

4）水雨情、风况、光照等信息接入分析，清洁能源消纳运行分析；

5）继电保护、自动化等二次设备评价试验等。

C-06-10 网源协调技术支持 主要工作包括：

1）直调机组和电站涉网技术（含涉网保护）监督及试验；

2）网源协调技术研究，电网、机组、负荷模型参数研究；

3）新能源电站发电系统及无功补偿装置并网性能检测等。

C-06-11 电源技术监督 主要工作包括：

1）涉网试验与监督；

2）新建机组调试，锅炉、汽机主辅系统性能试验和技术改造；

3）新建机组金属、热工自动化、环境化学技术服务；

4）机组并网技术审核、技术咨询和并网机组的技术监督等。

C-06-12 科学研究技术其他 主要工作包括：科学研究的综合技术及其他相关技术。

C-07 信息通信技术

为保障企业信息系统和通信系统的稳定、可靠、安全运行而进行的相关工作，负责信息技术、通信技术及其相关业务技术支持的岗位。本中类分为以下 7 个小类。

C-07-01 电力信息技术 主要工作包括：

1）各类管理信息系统、数据库、智能分析、信息网络安全等信息业务的相关技术；

2）信息系统及网络调度运行技术、信息系统运行数据分析、信息系统业务应用的深化应用及推广；

3）参与编制企业信息化发展规划、信息化项目管理、信息标准化管理和信息化架构管理，并负责信息化标准、架构等技术监督；

4）企业信息化（ERP）系统、电网运营信息化等企业信息化技术及服务；

5）组织或参与信息化技术方面的培训和交流；

6）组织信息应急处理与演练；

7）信息通信融合的相关技术；

8）信息技术研究。

C-07-02 电力通信技术 主要工作包括：

1）通信工程项目申报、通信物资需求计划和服务采购计划管理；

2）编制通信系统运行、检修、技术改造等工作计划并组织或监督落实，组织编制电力通信规划并监督落实；

3）组织或参与解决通信运行和检修的技术难题，实施通信设备检修及技术改造的大型项目；

4）开展通信系统统计分析评价工作；

5）组织或参与电力通信技术方面的培训、交流和新技术推广等工作；

6）通信系统及相关通信设备的研发、制造、运维等相关技术；

7）信息通信融合的相关技术；

8）通信网络应急处理与演练组织；

9）通信技术研究；

10）电力通信网安全质量管理；

11）电力通信设备、缆路实物资产管理和设备全寿命周期管理。

C-07-03 通信技术监督 主要工作包括：

1）通信设备入网、装置质量等电力通信技术监督；

2）电力通信系统和设备测试工作；

3）通信工程项目质量监督与评价；

4）电力通信系统和设备的缺陷分析、安全和运行相关设计的符合性审查以及状态评价。

C-07-04 信息技术监督 主要工作包括：

1）监督信息系统在架构、标准、功能、性能、运行、应用等方面的指标和要求；

2）对信息系统的架构遵从度进行分析评价，提出整改建议。

C-07-05 信息安全技术监督 主要工作包括：

1）督查信息安全规章制度和技术措施落实情况；

2）信息安全隐患排查，提出整改建议。

C-07-06 信息技术其他 主要工作包括：信息其他相关技术。

C-07-07 通信技术其他 主要工作包括：通信其他相关技术。

C-08 教育培训技术

在公司系统各培训机构下属培训教学业务部门中从事培训教学、培训组织实施、资源开发、人才评价实施、技能鉴定与考核及教学辅助技术岗位。本中类分为以下 12 个小类。

C-08-01 管理类培训教学技术 主要工作包括：

1）编制本专业学期培训教学计划；

2）主持或参加编写、审定本专业讲义、教材等教学资料；

3）管理、团青等综合类培训教学工作；

4）主持或参与管理类精品课程建设及课题开发与研究工作。

C-08-02 技术类培训教学技术 主要工作包括：

1）编制本专业学期培训教学计划；

2）主持或参加编写、审定本专业讲义、教材等教学资料；

3）主持或参与技术类精品课程建设及课题的开发与研究工作；

4）电力、电网等专业的技术类培训教学工作。

C-08-03 技能类培训教学技术 主要工作包括：

1）编制本专业学期培训教学计划；

2）主持或参加编写、审定本专业讲义、教材等教学资料；

3）主持或参与技能类精品课程建设及高水平实训课题的开发与研究工作；

4）电力、电网等专业的技能类培训教学工作。

C-08-04 培训组织与实施技术 主要工作包括：

1）组织与实施培训教学、竞赛调考等活动；

2）组织开展培训评估工作；

3）教育培训管理信息系统、网络大学和考试平台等培训辅助平台的使用与维护。

C-08-05 培训资源开发技术 主要工作包括：

1）组织开展培训需求调研工作；

2）组织开展培训项目策划、开发、申报和实施工作；

3）主持或参加培训课程的开发及教材、题库编写工作；

4）参与兼职培训师队伍建设工作。

C-08-06 人才评价实施技术 主要工作包括：

1）参与编写相应级别人才评价标准和流程；

2）参与各类专家人才评选、考核和培养工作；

3）组织专业技术资格申报和评审工作；

4）管理与维护各类专家人才信息。

C-08-07 技能鉴定与考核技术 主要工作包括：

1）组织员工技能鉴定报名和评审工作；

2）组织技能鉴定理论考试、实操考核等工作；

3）技能鉴定信息系统和考试平台维护；

4）考评员队伍建设与管理。

C-08-08 教学机房及设备管理技术 主要工作包括：

1）教学软件系统和硬件设备维护、检修及更新；

2）教学机房及设备的安全管理；

3）设备台账、技术资料管理。

C-08-09 实训基地及教学设备管理技术 主要工作包括：

1）定期进行实训设备巡视检查及隐患排查，组织开展检测试验和维护消缺工作；

2）参与新设备验收及实训准备；

3）实训基地及教学设备安全管理；

4）设备台账、技术资料管理。

C-08-10 图书馆及图书资料管理技术 主要工作包括：

1）图书出入库管理和借阅服务；

2）图书资料采购、分类、保存、信息化录入工作。

C-08-11 学历教育技术 主要工作包括：

1）编制学历教育教学计划；

2）主持或参与精品课程建设及高水平实训课题的开发与研究工作；

3）开展学历教育教学工作。

C-08-12 教育培训技术其他 主要工作包括：教育培训其他相关技术。

C-09 物资技术

物资、工程及服务的相关专业技术工作的岗位。本中类分为以下 5 个小类。

C-09-01 物资计划技术 主要工作包括：

1）物资类需求计划收集、汇总、预审、整理、统计报送及资金计划管理工作；

2）工程及服务类需求计划收集、汇总、预审、整理和统计报送工作；

3）采购策略的管理工作；

4）落实平衡利库工作。

C-09-02 招标采购技术 主要工作包括：

1）受理物资、工程及服务项目的采购申请，组织编制招标（非招标）采购的采购方案和采购文件；

2）组织实施招标（非招标）采购的评标、谈判、询价活动；

3）受理接收、保存、转移、整理及移交招标（非招标）采购的相关文件；

4）编制评标专家抽取方案、抽取专家及评标专家培训、专家信息库的维护；

5）电子商务平台的数据管理及维护；

6）协调招标（非招标）采购活动相关各方的关系；

7）招标（非招标）采购综合管理事务及其他相关事项。

C-09-03 物资合同技术 主要工作包括：

1）物资采购合同的签订、结算和信息系统应用等具体实施工作；

2）物资合同文件材料的收集、整理、归档和保管等工作；

3）物资合同签订和结算等信息的统计、分析；

4）物资合同签订和结算问题的统筹协调。

C-09-04 物资供应技术 主要工作包括：

1）编制、调整物资供应计划，协调开展物资配送；

2）协调处理合同履约过程中出现的问题；

3）负责组织开展物资到货后的供应商现场服务工作；

4）设置统一的业务受理电话，统一受理、处理物资到货需求、调配申请以及各类业务咨询；

5）监控物资供应过程，发布预警信息，开展物资调配、应急物资调配工作；

6）负责库存物资的报废申请、处置计划及报废手续办理；

7）负责废旧物资处置竞价计划、回收商资质审查与日常管理。

C-09-05 物资质量监督技术 主要工作包括：

1）组织设备材料的监造、抽检工作，对设备材料质量进行监督；

2）组织或参与供应商产品质量问题的调查和处理；

3）汇总分析设备在设计、制造、验收、安装、运行、报废等阶段的全寿命周期质量信息；

4）组织实施供应商关系管理和服务等相关工作。负责供应商资质业绩核实、绩效评价、不良行为处理、供应商分级管理、开展供应商服务中心相关业务；

5）质量监督信息系统及供应商管理平台数据维护；

6）按照抽检计划实施设备材料的抽检工作。

C-10 其他技术

为保证生产经营正常运行，运用技术知识，开展相关专业技术工作的岗位。本中类分为以下6个小类。

C-10-01 医疗卫生技术 主要工作包括：医疗卫生的专业技术工作，如诊疗、护理、药品、医疗器械技术等。

C-10-02 城市照明技术 主要工作包括：

1）进行城市照明技术研究和经济分析；

2）进行城市照明系统设计和照明产品选型；

3）进行城市照明工程设计、实施的技术管理。

C-10-03 碳资产运营技术 主要工作包括：

1）对本单位温室气体盘查和量化，编制本单位碳资产清单；

2）参与节能领域碳资产项目技术开发；

3）参与碳风险评估、碳排放技术管理；

4）参与碳资产运营相关的专业技术工作。

C-10-04 其他研发技术 主要工作包括：其他研发相关的专业技术工作。

C-10-05 投资开发技术 主要工作包括：

1）投资开发项目前期调研；

2）投资开发项目管理；

3）投资开发项目效益评估。

C-10-06 其他专业技术 主要工作包括：其他专业技术工作。

3.4 技能类

岗位分类

岗位分类见表4。

表 4 技能类岗位分类

序号	中类	中类代码	小类	小类代码
1	电网调控运行	D-01	电力调度运行值班	D-01-01
			配网调控运行值班	D-01-02
			电网监控值班	D-01-03
			自动化系统运维	D-01-04
			配网抢修指挥值班	D-01-05
2	输电运检	D-02	输电线路运维	D-02-01
			输电线路检修	D-02-02
			输电电缆运维	D-02-03
			输电电缆检修	D-02-04
			输电带电作业	D-02-05
3	变电运检	D-03	有人值班站运维	D-03-01
			无人值班站运维	D-03-02
			电气试验 / 检测 / 化验	D-03-03
			主变压器运维	D-03-04
			变电二次设备维护	D-03-05
			变电其他设备维护	D-03-06
			变电二次设备检修	D-03-07
			主变压器检修	D-03-08
			变电其他设备检修	D-03-09
4	配电运检	D-04	城区配网设备运维	D-04-01
			城区配网设备检修	D-04-02
			城区配电电缆运维	D-04-03
			城区配电电缆检修	D-04-04
			配网不停电作业	D-04-05
			配网工程项目	D-04-06
			配电抢修	D-04-07
			农网 10（6）kV 配电线路运检	D-04-08
			农网 0.4 kV 配电线路运检	D-04-09
5	电力营销	D-05	业扩报装	D-05-01
			客户代表	D-05-02
			电话服务代表	D-05-03
			电子服务代表	D-05-04
			智能用电运营	D-05-05

表 4　技能类岗位分类（续）

序号	中类	中类代码	小类	小类代码
5	电力营销	D-05	用电检查	D-05-06
			抄表催费	D-05-07
			电费核算	D-05-08
			电费账务	D-05-09
			装表接电	D-05-10
			室内检定	D-05-11
			现场检试	D-05-12
			计量仓储配送	D-05-13
			电能信息采集与监控	D-05-14
			稽查业务与监控分析	D-05-15
			电动汽车服务	D-05-16
			节能服务	D-05-17
			市场开拓及需求侧分析	D-05-18
			农网 10（6）kV 营销服务	D-05-19
			农网 0.4 kV 营销服务	D-05-20
			供电所综合业务	D-05-21
6	信息通信运维	D-06	通信运维检修	D-06-01
			通信工程建设	D-06-02
			信息运维检修	D-06-03
			信息工程建设	D-06-04
			信息调度控制与客户服务	D-06-05
			通信调度控制与客户服务	D-06-06
7	送变电施工	D-07	送电线路架设	D-07-01
			变电一次安装	D-07-02
			设备调试	D-07-03
			土建施工	D-07-04
			电缆施工	D-07-05
			机具维护	D-07-06
			变电二次安装	D-07-07
			起重设备操作	D-07-08
			牵张机操作	D-07-09
			特高压施工设备操作	D-07-10
			特高压施工机具修理	D-07-11
			特高压施工设备装配	D-07-12

表 4　技能类岗位分类（续）

序号	中类	中类代码	小类	小类代码
8	生产辅助	D-08	物资仓储作业	D-08-01
			物资配送作业	D-08-02
			电力工程施工生产辅助	D-08-03
			输电业务辅助	D-08-04
			变电业务辅助	D-08-05
			配电业务辅助	D-08-06
			营销业务生产辅助	D-08-07
			物资生产辅助	D-08-08
			新能源发电生产辅助	D-08-09
			其他能源发电生产辅助	D-08-10
			其他辅助	D-08-11
9	其他技能	D-09	运营监测值班	D-09-01
			医疗卫生技能	D-09-02
			城市照明技能	D-09-03
			其他技能	D-09-04

岗位分类描述

D-01 电网调控运行

负责调度值班、变电监控、配网抢修指挥及自动化等相关系统、设备运行维护等工作的岗位。本中类分为以下 5 个小类。

D-01-01 电力调度运行值班　主要工作包括：

1）电力系统调度倒闸操作及电压、潮流调整；

2）制定和完善所辖变电站、电厂、重要电力客户事故处理预案；

3）调度指挥所辖电力系统事故及异常处理。

D-01-02 配网调控运行值班　主要工作包括：

1）配电网系统调控运行；

2）配电网调度倒闸操作及电压、潮流调整；

3）制定和完善所辖配电网、重要电力客户事故处理预案；

4）配电网监控、遥控操作和事故及异常处理。

D-01-03 电网监控值班　主要工作包括：

1）电力系统变电站输变电设备集中监视与遥控操作、事故及异常处理；

2）输变电设备在线监测与分析；

3）监控范围内所有受控设备的运行分析；

4）执行预控措施和电网事故处理预案。

D-01-04 自动化系统运维　主要工作包括：

1）主配网调控自动化系统的建设、改造及调试；

2）主配网调控自动化系统的运行、监视、维护及异常、故障、缺陷处理；

3）主配网调控自动化系统及调度数据网络安全防护；

4）主配网调控自动化系统信息数据、技术资料统计管理与分析；

5）主配网调控自动化系统业务接入等。

D-01-05 配网抢修指挥值班 主要工作包括：

1）负责 95598 抢修类工单接收与派发；

2）配电网故障研判和抢修指挥；

3）配电网停送电信息的编译及报送；

4）配网抢修指挥技术资料统计管理与分析等。

D-02 输电运检

负责输电线路、电缆及附属设施的巡视、维护、检修和带电作业相关工作的岗位。本中类分为以下 5 个小类。

D-02-01 输电线路运维 主要工作包括：

1）定期进行输电线路巡视、检查、维护；

2）开展新设备验收、生产准备和使用；

3）输电线路状态信息收集及初步评价分析；

4）输电线路通道防护和防外力破坏等工作；

5）设备台账、技术资料管理。

D-02-02 输电线路检修 主要工作包括：

1）定期进行输电线路巡视、检查、维护及缺陷处理；

2）负责输电线路的检修及事故抢修工作；

3）开展新设备验收及生产准备；

4）大型施工机具、特种车辆、作业平台、大型试验设备等运检装备的检修、维护，以及备品备件管理等工作；

5）输电设施安防、防汛、安保设备的维护；

6）设备台账、技术资料管理。

D-02-03 输电电缆运维 主要工作包括：

1）定期进行输电电缆巡视检查及隐患排查；

2）开展新设备验收及生产准备；

3）输电电缆状态信息收集及初步评价分析；

4）设备台账、技术资料管理。

D-02-04 输电电缆检修 主要工作包括：

1）开展输电电缆检测试验、维护消缺；

2）负责输电电缆检修及故障抢修；

3）负责输电电缆检修设备维护及备品备件管理；

4）设备台账、技术资料管理。

D-02-05 输电带电作业 主要工作包括：

1）输电线路带电作业和电缆不停电作业；

2）设备台账、技术资料管理。

D-03 变电运检

负责变电站、开关站、换流站设备运维和检修操作的岗位。本中类分为以下 9 个小类。

D-03-01 有人值班站运维 主要工作包括：

1）巡视变电设备及在线监测系统运行工况，填写运行日志和技术记录；

2）执行调度命令，进行现场倒闸操作和事故处理，许可并验收变电站的检修工作；

3）开展设备常规带电检测、维护性检修工作，处理简单的设备缺陷，定期开展设备状态分析、评价；

4）管理设备资料、台账和图表等。

D-03-02 无人值班站运维 主要工作包括：

1）巡视变电设备及在线监测系统运行工况，填写运行日志和技术记录；

2）执行调度命令，进行现场倒闸操作和事故处理，许可并验收变电站的检修工作；

3）开展设备常规带电检测、维护性检修工作，处理简单的设备缺陷，定期开展设备状态分析、评价；

4）管理设备资料、台账和图表等；

5）特殊情况下恢复有人现场值守。

D-03-03 电气试验／检测／化验 主要工作包括：

1）变电站（换流站）设备绝缘性能、电气特性及参数状态检修试验，新建变电站验收试验；

2）变电站（换流站）在线监测系统维护及对设备状态在线监测数据定期分析；

3）变电站（换流站）绝缘油和气体取样、化验、分析及监督，配电设备绝缘油化验、分析；

4）试验仪器仪表、安全工器具的校验；

5）一次设备的带电检测、例行试验、状态分析评价等；

6）相关试验分析报告编写及所监测设备评价。

D-03-04 主变压器运维 主要工作包括：

1）主变压器、换流变压器设备清扫、补漆，渗漏油清理，主变冷却系统、风扇等附件的维护消缺等 C、D 类检修；

2）设备台账、缺陷、修试记录等信息系统数据维护和技术资料管理；

3）新、改、扩建工程验收。

D-03-05 变电二次设备维护 主要工作包括：

1）变电站继电保护、综合自动化装置等二次设备校验等维护性检修，状态分析评价；

2）五防装置维护，直流系统维护；

3）设备台账、缺陷、修试记录等信息系统数据维护和技术资料管理。

D-03-06 变电其他设备维护 主要工作包括：

1）断路器、电抗器、电流互感器、电压互感器等其他变电设备的清扫、渗漏油清理、缺陷处理等 C、D 类检修；

2）设备台账、缺陷、修试记录等信息系统数据维护；

3）新、改、扩建工程验收。

D-03-07 变电二次设备检修 主要工作包括：

1）继电保护、综合自动化装置等二次设备的检修及更换；

2）新、改、扩建工程验收。

D-03-08 主变压器检修 主要工作包括：

1）主变压器、换流变压器吊芯检查，本体油箱及内部部件的检查、改造、更换，主要部件如套管、储油柜、分接开关等更换的 A、B 类检修；

2）设备修试记录等信息系统数据维护和技术资料管理；

3）新、改、扩建工程验收。

D-03-09 变电其他设备检修 主要工作包括：

1）断路器、电抗器、电流互感器、电压互感器等设备的 A、B 类检修；

2）设备修试记录等信息系统数据维护；

3）新、改、扩建工程验收。

D-04 配电运检

负责城区和农网配电设备、线路、电缆及附属设施，配电站巡视、维护、检修的岗位。本中类分为以下 9 个小类。

D-04-01 城区配网设备运维 主要工作包括：

1）配网设备工作许可及验收，铭牌维护，配网设备巡视（含正常巡视、特巡、故障查找），现场操作及监护等；

2）配网设备清扫、补漆，渗漏油清理，设备指示灯、微型断路器、继电器、站室风扇、自动化终端维护及更换等；

3）配网设备红外成像、超声波局放、SF6 气体检测、站内直流电源测试、断路器除潮装置检查，事故照明装置检查以及定期或动态分析评价等；

4）配电自动化运维，分布式电源（储能装置）接入技术服务及接入系统电网侧设备运检业务等；

5）防雷、防外力破坏、防鸟害、防小动物、防凝露等专项工作；

6）编制配网设备改造需求，公司投资配网项目和用户投资业扩项目方案确定和设计审查，办理用户资产转移手续；

7）新、改、扩建工程验收和生产准备；

8）配电线路走廊清障和通道防护工作，重大活动保供电；

9）设备定员台账、缺陷、修试记录等信息系统数据维护和技术资料、图样管理。

D-04-02 城区配网设备检修 主要工作包括：

1）配网设备的 A、B、C、D 类检修，配网检修值班，故障查巡及报修处理，配网设备及低压表计故障抢修等；

2）设备修试记录等信息系统数据维护；

3）新、改、扩建工程验收。

D-04-03 城区配电电缆运维 主要工作包括：

1）配电电缆工作许可及验收，电缆通道、电缆本体、电缆附件及附属设施日常和特殊巡视，电缆中间头、终端设备红外测温等专业巡视等，配电电缆通道清障和防护工作；

2）配电电缆的感应电流检测，局放试验，油压检测，紫外放电检测，护层遥测，接地电阻测量，油气化学试验以及电缆定期和动态状态分析评价工作；

3）设备定员台账、缺陷、修试记录等信息系统数据维护和技术资料、图样管理，人员岗位培训和技能培训工作；

4）编制电缆线路改造需求，公司投资配网项目和用户投资业扩项目方案确定和设计审查，办理用户资产转移手续；

5）新、改、扩建工程验收。

D-04-04 城区配电电缆检修 主要工作包括：

1）配网电缆的 A、B、C、D 类检修、事故抢修等；

2）设备修试记录等信息系统数据维护；

3）新、改、扩建工程验收。

D-04-05 配网不停电作业 主要工作包括：

1）城区、乡镇及农村配电带电作业检修、带电消缺、处理故障及进行带电事故抢修工作；

2）设备修试记录等信息系统数据维护。

D-04-06 配网工程项目 主要工作包括：

1）上报服务和物资招标申请，签订各类合同并执行合同条款，对工程参建单位进行评价；

2）项目施工图委托设计，组织设计审查、设计技术交底、审查工程变更；

3）负责安全文明施工管理，组织项目安全活动，开展安全、质量检查和事故调查工作；

4）项目建设外部环境协调工作；

5）召开工程专题协调会，检查工程安全、质量、进度、造价、技术管理体系运转情况，协调工程问题，提出改进措施；

6）组织工程中间验收和竣工预验收工作，参加竣工验收和启动试运行，组织工程移交；

7）负责竣工结算，配合竣工决算、审计以及财务稽核工作；

8）工程档案资料的收集、整理工作。

D-04-07 配电抢修 主要工作包括：

1）配电设备、线路应急抢修等作业；

2）设备修试记录等信息系统数据维护。

D-04-08 农网 10（6）kV 配电线路运检 主要工作包括：

1）乡镇及农村 10（6）kV 配电线路及设备巡视、维护、检修，10（6）kV 断路器、隔离开关、跌落式熔断器等设备运行维护及操作，线路通道清理，杆（塔）及基础检查、防护；

2）配电线路设施故障排除，事故处理，配电电缆运行维护检修、带电作业等技术性配电检修；

3）公用配电变压器低压侧总控装置及以上设备运行维护、操作、检修及负荷测量、调整；

4）缺陷上报，消缺、技术改造项目实施；

5）电力设施保护宣传，电力设施防外力破坏；

6）生产运检值班；

7）配电变压器、避雷器、断路器等设备电气试验化验，安全工器具试验校验；

8）统计与分析、信息数据、技术资料管理等。

D-04-09 农网 0.4 kV 配电线路运检 主要工作包括：

1）乡镇及农村 0.4 kV 配电线路及设备巡视、维护、检修；

2）配电设施故障排除，事故处理；

3）0.4 kV 断路器、隔离开关等操作，线路通道清理，杆（塔）及基础检查、防护；

4）缺陷上报，消缺、技改项目实施；

5）电力设施保护宣传，电力设施防外力破坏；

6）业扩报装的安装、接电等相关业务开展；

7）生产运检值班；

8）统计与分析、信息数据、技术资料管理等。

D-05 电力营销

负责城区客户服务、电费抄核收、用电检查、电能计量、电动汽车服务、节能服务和负荷控制等营销服务工作以及乡镇及农村 10（6）kV、0.4 kV 营销服务，供电所综合业务等工作的岗位。本中类分为以下 21 个小类：

D-05-01 业扩报装 主要工作包括：

1）分布式电源并网服务；

2）新装、增容及变更用电等业务现场勘查、供电方案制定、供电方案答复、客户工程设计审查、客户工程中间检查、竣工验收、合同签订、供电投运等工作的实施或组织、协调；

3）大客户业扩报装供电方案审查及相关供配电技术分析、论证、研究等；

4）业扩报装有关资料信息收集整理及客户档案的建立与归档，统计、分析等工作。

D-05-02 客户代表 主要工作包括：

1）营业窗口的用电咨询、查询、业务受理、故障报修、投诉举报受理、服务互访等；

2）营业窗口电费及其他业务费用收取、归集上解，预售电；

3）电费票据业务等其他服务工作；

4）供电服务营业窗口运营，国家电网品牌宣传；

5）客户档案信息收集与整理、服务信息统计与分析等；

6）自助缴费设备、流动营业厅（车）管理；

7）信息数据、技术资料管理等；

8）分布式电源及微网申请受理。

D-05-03 电话服务代表 主要工作包括：

1）国网客服中心派发的 95598 全业务工单的接单、合并、转派、督办、回复审核和上报；

2）突发供电事故或异常情况了解及上报；

3）95598 工单质量抽检，客户满意度统计分析；

4）统计与分析、信息数据、技术资料管理等；

5）受理、跟踪、督办和回访少数民族聚集地区 95598 电话服务需求；

6）受理属地市政热线转接的相关咨询、意见等。

D-05-04 电子服务代表 主要工作包括：

1）手机客户端等电子渠道的咨询、查询、业务变更、业扩报装等业务的受理和处理；

2）供电服务信息公开，停电信息发布，大负荷期间预警信息发布；

3）电子渠道客户业务变更咨询、业扩报装等受理和处理情况回访；

4）各种服务资料建立、归档、统计与管理等。

D-05-05 智能用电运营 主要工作包括：

1）实施分布式电源运营；

2）实施智能小区及光纤到户应用建设管理和应用推广工作等。

D-05-06 用电检查 主要工作包括：

1）客户用电、电价执行情况现场检查，违约用电、窃电处理；

2）指导用户编制电力应急预案，开展重大活动客户侧保电，客户电气事故调查处理；

3）供用电合同签订、续签与终止，供用电合同履约情况检查，客户档案信息资料信息收集与整理等；

4）重要（高危）电力客户的确认，重要（高危）客户、自备电厂巡视检查；

5）客户工程电气图样审查、中间检查、竣工验收及接电投运工作；

6）宣传并协助客户贯彻执行国家及地方相关法律法规，进行安全用电宣传，协助开展有序用电、欠费停（复）电等工作；

7）统计与分析、信息数据、技术资料管理等。

D-05-07 抄表催费 主要工作包括：

1）抄表日程和路线编制，人工就地抄表异常情况信息反馈报告；

2）远程自动抄表、远程自动抄表的补抄、周期性核抄、抄表异常情况信息反馈报告；

3）采集与计量装置的现场巡视、异常核查；

4）电费通知、催缴，用电客户欠费停（复）电组织与实施；

5）信息数据、技术资料管理等。

D-05-08 电费核算 主要工作包括：

1）电费核算、审核、票据发行；

2）编制并核对应收电费报表；

3）抄表和收费质量监督，提交电费异常报告；

4）电费核算相关信息数据、技术资料管理等。

D-05-09 电费账务 主要工作包括：

1）处理营销业务中的电费业务；

2）电费资金归集和解交银行，对账消账、统计及有关电费服务工作；

3）呆坏账管理；

4）编制欠费明细和电费明细报表；

5）电费结算协议管理；

6）电费账务信息数据、技术资料管理等。

D-05-10 装表接电 主要工作包括：

1）新装、增容用户装表接电；

2）电能计量装置周期轮换、抽检、改造换表；

3）电能计量差错、故障处理；

4）计量设备装、拆、移、换等记录资料、信息数据统计、分析及管理等；

5）用电信息采集终端的装、拆、移、换、调试、轮换；

6）用电信息采集终端统计与分析、信息数据、技术资料管理等；

7）用电信息采集终端运行、维护及故障处理；

8）协助开展低压客户欠费停（复）电等。

D-05-11 室内检定 主要工作包括：

1）计量器具和用电信息采集终端设备验收检定、检测、监督抽检、周期检定、临时检定、仲裁检定等；

2）客户计量装置校验申请受理及校验；

3）标准比对，量值传递，印证和校验报告出具；

4）计量装置故障分析与技术鉴定；

5）信息数据、资料管理等。

D-05-12 现场检试 主要工作包括：

1）关口电能计量装置运行维护管理；

2）电能计量装置、用电信息采集设备现场检验、检测；

3）电能计量装置异常、故障及电能计量重大差错的现场检查（检测、鉴定）、调查处理及分析，故障、异常和客户申诉计量检定检测、技术分析；

4）变电站、高压用户电能计量装置投运验收、现场检测、周期检定、监督抽检和故障处理等工作；

5）参与关口及重要客户电能计量方式确定、重要关口电能计量装置及用电信息采集系统建设方案的审查和验收；

6）开展智能电能表质量监督、用电信息采集系统建设与运维、装表接电等电能计量相关工作的质量检查和指导；

7）信息数据、技术资料管理等。

D-05-13 计量仓储配送 主要工作包括：

1）计量器具仓储、配送；

2）计量印证统一定制和管理；

3）计量资产及用电信息密钥全寿命周期管理；

4）标准设备建档及定期送检。

D-05-14 电能信息采集与监控 主要工作包括：

1）电力和电量监控；

2）远方抄表，实时负荷信息数据采集、分析；

3）负荷控制装置及设备的巡视、维修及试验；

4）重要（高危）客户供用电情况实时监控；

5）配合执行有序用电方案、实施欠费客户远程停复电操作；

6）用电信息设备主站运行管理，分析采集异常情况并通知相关部门处理，统计用电信息采集建设运行情况；

7）信息数据、技术资料管理等。

D-05-15 稽查业务与监控分析 主要工作包括：

1）协助营销管理部门开展营销业务管控平台应用、指标分析及现场稽查；

2）开展监控分析和在线稽查的工作质量情况抽查，定期发布业务管控报告；

3）现场稽查，监控跟踪营销管理、供电服务突发性问题处理等工作；

4）营销业务运营状况分析、监控、督办，上级派发业务管控任务的处理及回复；

5）为营销各专业分析、政策制定、专项调查提供数据支撑等。

D-05-16 电动汽车服务 主要工作包括：

1）电动汽车智能充换电服务网络规划编制，项目储备建议、可研编制、建设管理、工程验收和应用推广等；

2）智能充换电服务网络主站、站级系统运行监控与维护，电动汽车互动服务平台运行维护；

3）换电站的换电操作、设备巡视、检修维护及应急抢修，动力电池组检测、维护、调配、配送、仓储等；

4）直流充电桩（站）设备的充电操作、巡视、检修维护及应急抢修；

5）交流充电桩（站）设备的巡视、检修维护及应急抢修；

6）客户充换电业务受理（开户、变更、销户），充电支付卡开卡、换卡及退卡，服务收费；

7）开展故障车辆道路救援工作等。

D-05-17 节能服务 主要工作包括：

1）贯彻落实国家节能减排的法律法规和方针政策、国网公司节能管理的规章制度和工作要求；

2）参与制定本区域节能服务发展规划与电力市场培育规划；

3）依据国家法律法规和政策，开展客户能源审计、节能咨询与节能服务工作，为企业提供能源托管服务；

4）负责落实节约电力电量指标，开拓节能服务市场；

5）开展社会提供节能诊断、设计、融资、改造和运行等节能项目的实施，包括项目合同管理、方案设计、施工管理、安全管理、质量管理、物资管理、档案资料管理等；

6）负责负荷管理终端和节能采集设备安装与维护工作等。

D-05-18 市场开拓及需求侧分析 主要工作包括：

1）电能替代潜力、用电市场调研，电能替代、市场开拓计划编制；

2）电力销售市场的分析预测；

3）电能替代和市场开拓宣传方案、推广方案的制定、实施；

4）电能替代和传统市场开拓项目的实施、跟踪、统计；

5）开展市场占有率计算、统计、分析工作；

6）落实执行本地大用户与发电企业直接交易试点方案；

7）电力用户负荷特性调查分析、有序用电潜力调研；

8）电力供需平衡情况跟踪、分析；

9）编制有序用电方案、协调政府批准印发；

10）有序用电协议签订；

11）有序用电方案执行、统计和分析；

12）有序用电技术系统研究、应用，示例：电力需求侧管理项目推广、统计和分析等。

D-05-19 农网 10（6）kV 营销服务 主要工作包括：

1）乡镇及农村 10（6）kV 用电抄表，抄表日程和路线编制，现场抄表异常报告提交，抄表卡片填写，抄表数据录入；

2）乡镇及农村 10（6）kV 用户电费及各项业务费用收取，欠费催缴，预售电；

3）营业窗口、现场营销服务；

4）客户档案资料收集，《供用电合同》建立及履约情况检查；

5）节能降损措施实施；

6）营销服务值班；

7）用户信息收集整理，统计与分析、信息数据、技术资料管理等。

D-05-20 农网 0.4 kV 营销服务 主要工作包括：

1）乡镇及农村 0.4 kV 用户用电抄表，抄表日程和路线编制，提交现场抄表异常报告，抄表卡片填写，抄表数据录入；

2）乡镇及农村 0.4 kV 用户电费及各项业务费用收取，欠费催缴，预售电；

3）乡镇及农村 0.4 kV 用户业扩报装及变更用电现场查勘、供电方案制定、供电方案答复、中间检查、竣工验收等工作的实施或组织、协调；

4）用电信息采集装置的装、拆、调试、轮换及故障处理；

5）乡镇及农村 0.4 kV 用户计量装置周期轮换，差错和故障处理（不含校验检测），客户欠费停（复）电等工作；

6）用电检查，安全用电宣传；

7）客户档案资料收集，《供用电合同》建立及履约情况检查，现场营销服务；

8）节能降损工作；

9）营销服务值班；

10）营业窗口的用电咨询、查询、业务受理、故障报修、投诉举报受理、服务互访等；

11）营业窗口电费及其他业务费用收取、日结解款，预售电；

12）电费票据业务，电费等其他服务工作；

13）供电服务营业窗口运营，国家电网品牌宣传；

14）客户档案信息收集与整理、服务信息统计与分析等；

15）自助缴费设备及业务引导、流动营业厅（车）管理；

16）客户供用电合同签订及管理，用电稽查，违约用电处理；

17）业扩报装及变更用电有关业务；

18）统计分析、信息数据、技术资料管理等。

D-05-21 供电所综合业务 主要工作包括：

1）乡镇及农村 10 kV 及以下配电营业工作的计划、组织、控制及监督检查；

2）乡镇及农村 10 kV 及以下电力设备评级，配电线路设备检修、维护计划编制及实施管理；

3）安全质量管理与监督，安全工器具及施工机具监督及管理；

4）电压合格率、农村供电可靠性、线损率统计分析和管理措施编制及实施管理；

5）农网建设改造、技改计划建议制订；

6）信息技术应用、技术资料管理；

7）备品备件等物资仓储、配送及管理；

8）信息数据、技术资料管理等；

9）分布式电源及微网申请受理；

10）乡镇及农村供电所生产及特种车辆驾驶、日常保养等。

D-06 信息通信运维

运用相关操作技能，直接从事通信、信息及相关辅助生产等具体生产活动的岗位。本中类分为以下 6 个小类。

D-06-01 通信运维检修 主要工作包括：

1）通信设备、缆路运行维护；

2）通信设备、缆路检修和事故抢修；

3）通信线路、缆路、业务系统和机房的日常现场巡视及健康状况的周期性检查与测试；

4）电力通信业务运行方式执行；

5）编制电力通信网检修计划和检修方案；

6）电力通信设备与业务系统的消缺和现场检修工作。

D-06-02 通信工程建设 主要工作包括：

1）通信工程项目的建设实施工作；

2）通信建设项目安全、质量、技术、造价管理和建设协调；

3）归集通信建设项目资料，结算，参与竣工验收等。

D-06-03 信息运维检修 主要工作包括：

1）信息系统及设备巡视、巡检、维护、升级，实施信息应急演练；

2）信息系统、数据库、智能分析等信息业务的检修。

D-06-04 信息工程建设 主要工作包括：

1）信息工程项目的建设实施工作；

2）信息工程项目安全、质量、进度和建设协调；

3）归集信息化建设项目资料，结算，参与竣工验收等。

D-06-05 信息调度控制与客户服务 主要工作包括：

1）信息系统的调度运行和实时监控；

2）信息系统运行方式的制订和安排，运行方式和检修计划的执行监督；

3）信息系统的应急处置和故障处理的协调指挥；

4）信息系统接入管理、权限管理、配置管理、两票管理、运行监护、缺陷管理和事件管理；

5）组织编制应急预案，定期组织应急演练；

6）信息系统用户服务请求、服务投诉、故障报修的受理以及客户回访等工作。

D-06-06 通信调度控制与客户服务 主要工作包括：

1）电力通信网运行监视及值班；

2）电力通信网故障处理指挥及远方控制操作；

3）电力通信业务受理及资源调配；

4）电力通信网日常运行方式制定及调整；

5）电力通信网检修计划审核及监督执行；

6）电力通信网事故应急预案及应急处理指挥；

7）电力通信网运行安全保障工作；

8）电力通信网用户服务请求、服务投诉、故障报修的受理以及客户回访等工作。

D-07 送变电施工

按照送变电施工规范，具体开展施工的岗位。本中类分为以下 12 个小类。

D-07-01 送电线路架设 主要工作包括：送电线路的基础施工、杆塔组立、导线架设、附件安装、引流搭设等工作。

D-07-02 变电一次安装 主要工作包括：变压器、断路器、互感器、母线等变电所一次设备安装、调整等工作。

D-07-03 设备调试 主要工作包括：开展计量、电气试验、继电保护、大地测量、油化试验等设备调试。

D-07-04 土建施工 主要工作包括：电力工程中的地基处理、土石方工程、地下工程、混凝土工程、建筑物和构筑物工程、坝体工程等的施工等工作。

D-07-05 电缆施工 主要工作包括：电力工程中的电缆敷设安装、电气试验、接头制作等工作。

D-07-06 机具维护 主要工作包括：工器具修理、维护保养等工作。

D-07-07 变电二次安装 主要工作包括：变电所二次设备施工等工作。

D-07-08 起重设备操作 主要工作包括：工程立塔施工中，起重设备的操作。

D-07-09 牵张机操作 主要工作包括：架线过程中牵张设备的操作。

D-07-10 特高压施工设备操作 主要工作包括：

1）特高压工程重大施工装备的操作及运行服务；

2）特高压工程重大施工装备的日常保养与维护；

3）特高压工程重大施工装备的仓储保管；

4）特高压工程重大施工装备应用、运行、服务、维护、保养、仓储等统计与分析、信息数据、技术资料的建立及维护管理等。

D-07-11 特高压施工机具修理 主要工作包括：对特高压工程重大施工装备进行的故障修理及事故修理，主要包括维护保养、设备检查和设备修理等。

D-07-12 特高压施工设备装配 主要工作包括：对特高压工程重大施工装备进行的大件运输、组配和连接，使之成为半成品或成品的工艺过程。

D-08 生产辅助

为保障生产正常运行，负责辅助性生产业务及其他生产业务生产操作的岗位。本中类分为以下11个小类。

D-08-01 物资仓储作业 主要工作包括：

1）收集、汇总、分析库存物资信息；

2）物资的验收、出入库、退库、调拨、盘点、保管保养等日常工作；

3）应急物资资源调拨申请的收集、整理和汇总，形成库存物资调拨计划；

4）废旧物资的仓储管理；

5）工程余料、废旧物资和报废车辆的移交等。

D-08-02 物资配送作业 主要工作包括：

1）汇总、执行物资配送计划；

2）电力生产经营等计划项目所需物资的配送工作；

3）物资运输、装卸、安全质量防护的全程控制工作；

4）承运商管理、评价工作等。

D-08-03 电力工程施工生产辅助 主要工作包括：

1）特种车辆驾驶、日常保养与维护及使用中的交通安全工作；

2）物资仓储配送，生产工器具的保管及维护工作；

3）其他电力施工业务的生产辅助工作等。

D-08-04 输电业务辅助 主要工作包括：

1）输电线路（电缆）运维和检修业务相关的工器具材料搬运、配合完成通道清理、特种车辆驾驶、日常保养与维护，车辆年审等工作；

2）输电线路（电缆）运维和检修生产备品备件仓储配送、安全工器具保管和维护、消防等工作；

3）其他输电业务操作及辅助工作等。

D-08-05 变电业务辅助 主要工作包括：

1）变电站（开关站、换流站）运维和检修业务相关的特种车辆驾驶、日常保养与维护，车辆年审，巡检机器人维护等工作；

2）变电站（开关站、换流站）运维和检修生产备品备件仓储配送、安全工器具保管和维护、消防等工作；

3）其他变电业务的操作及辅助工作等。

D-08-06 配电业务辅助 主要工作包括：

1）城区、乡镇及农村配网设备和电缆运维检修业务相关的特种车辆驾驶、日常保养与维护，车辆年审等工作；

2）城区、乡镇及农村配网设备和电缆运维检修业务生产备品备件仓储配送、安全工器具保管和维护、消防等工作；

3）其他配电业务的操作及辅助工作等。

D-08-07 营销业务生产辅助 主要工作包括：

1）车辆驾驶、日常保养、维护、安全检查及使用中的交通安全工作；

2）计量器具搬运、装卸等其他营销业务的辅助工作等。

D-08-08 物资生产辅助 主要工作包括：

1）及时执行运输及特种车辆相关的工作任务；

2）特种车辆的日常安全检查及使用中的交通安全工作；

3）特种车辆的日常保养与维护工作；

4）车辆的年审与司机的年检工作。

D-08-09 新能源发电生产辅助 主要工作包括：

1）生产辅助设备如消防设施、电梯、安保系统、照明系统、通风空调系统等维护与管理；

2）特种车辆驾驶、日常保养与维护，车辆年审工作，仓储保管、保卫等工作；

3）其他发电业务的操作及辅助工作等。

D-08-10 其他能源发电生产辅助 主要工作包括：

1）生产辅助设备如消防设施、电梯、安保系统、照明系统、通风空调系统等维护与管理；

2）特种车辆驾驶、日常保养与维护，车辆年审工作，仓储保管、保卫等工作；

3）其他发电业务的操作及辅助工作等。

D-08-11 其他辅助 主要工作包括：其他生产业务的生产操作及辅助工作等。

D-09 其他技能

为保证生产经营正常运行，运用所具备的技能，开展相关其他工作的技能岗位。本中类分为以下 6 个小类。

D-09-01 运营监测值班 主要工作包括：运营监测（控）值班相关工作等。

D-09-02 医疗卫生技能 主要工作包括：医疗卫生的专业技能工作，如护理、药品分发、医疗器械保管等。

D-09-03 城市照明技能 主要工作包括：

1）开展城市照明现场施工，安装和调试照明光源、灯具、电器配件以及控制系统；

2）现场验证照明工程设计方案的效果，进行光污染施工控制；

3）进行照明工程验收后的安全、维护、管理工作培训并办理移交。

D-09-04 其余技能 主要工作包括：负责其他相关技能工作。

3.5 服务类

岗位分类

岗位分类见表 5。

表 5 服务类岗位分类

序号	中类	中类代码	小类	小类代码
1	通用服务业务	E-01	物业业务	E-01-01
2			食堂餐饮	E-01-02
3			车辆驾驶	E-01-03
4			客房服务	E-01-04
5			其他通用服务业务	E-01-05

岗位分类描述

E-01 通用服务业务

服务于管理或间接服务于生产的岗位，其工作内容通常具有社会通用性质。本中类分为以下5个小类。

E-01-01 物业业务 主要工作包括：

1）负责办公区域、会议场所、培训教室、学生宿舍等保洁服务工作；

2）负责办公场所及部分生产场所的绿化维护、栽种服务工作；

3）负责办公场所供排水、强弱电、电梯、空调系统等日常巡视与维护，配电、水泵、消防值守及维护等工作；

4）负责办公场所及部分生产场所的安保服务；

5）负责办公场所会议服务工作。

E-01-02 食堂餐饮 主要工作包括：

1）食材采购、检验、保管、加工、烹饪、配送等工作；

2）食堂保洁及餐厅服务等工作；

3）生产现场餐饮及应急餐饮保障等工作。

E-01-03 车辆驾驶 主要工作包括：生产及公务用车驾驶服务。

E-01-04 客房服务 主要工作包括：

1）学员住宿报到、入住等接待工作；

2）负责住房服务等工作；

3）负责住房保洁、楼层巡视等工作。

E-01-05 其他通用服务业务 主要工作包括：

1）员工体检、计划生育等工作；

2）离退休服务、人力资源服务、新闻采编等业务；

3）其他通用工种的业务。

电力行业供电业务岗位分类

编 制 说 明

目　次

1 编制背景

本岗位分类是按照业务发展的需要编写的。

本岗位分类编制背景是为加快推进电力行业人力资源标准化建设，建立适应电网快速发展的人力资源配置标准，国家电网公司在承办编制《电力行业供电劳动定员》（DL/T 46—2016）之后，依据电力行业供电业务经营特点和职业分类，按照广泛适用、科学合理的原则，根据岗位自身的性质和特点，组织编制本岗位分类。

本岗位分类编制的主要目的：一是为规范用工形式、优化用工策略、开展岗位价值评估、加强定员定编管理、提高人员效率提供科学依据；二是为人力资源规划、人才招聘配置、内部人力资源市场流动和人力资源信息统计统一规范口径；三是为建立员工能力素质模型，增强培训开发的针对性、有效性，规范人才选拔，加快人才开发奠定基础；四是有助于开展员工绩效管理，为薪酬体系设计提供重要参考。

2 编制主要原则

本岗位分类根据以下原则编制：

a）规范性。贯彻国家有关方针、政策、法律、法规，适应电力行业发展，遵循《劳动法》《中华人民共和国劳动合同法》《中华人民共和国劳动合同法实施条例》等国家劳动用工及定员定额管理的法规制度。

b）全面性。充分考虑公司各种业务类型，以及市场化和业务委托用工因素，反映了目前业务实际，实现供电企业业务的全覆盖。

c）先进性。充分考虑供电企业新业务发展情况，以及技术装备水平不断提升和生产组织模式不断变革的发展方向，适度超前进行编制。

d）科学性。适用于电力企业员工岗位发展的要求，从技能岗位到经营管理岗位的逐步上升，体现了员工成长的阶段和通道。同时打通了岗位分类与劳动定员的内在关联关系，实现了用工数据的自动提取和岗位分类管控。

本岗位分类作为岗位设置的指导依据，不作为强制依据。

3 与其他标准文件的关系

本岗位分类与相关技术领域的国家现行法律、法规和政策保持一致。

本岗位分类不涉及专利、软件著作权等知识产权使用问题。

本岗位分类主要参考文件：

LD/T 46—2016《电力行业供电劳动定员》

《中国人民共和国职业分类大典》(2015 年版)

中华人民共和国主席令第 15 号《中华人民共和国合同法》

中华人民共和国主席令第 28 号《中华人民共和国劳动法》

4 结构和内容

本岗位分类主题章为第 3 章，包括经营类、管理类、技术类、技能类和服务类 5 大部分，每部分均由岗位分类中类组成，岗位分类中类下属若干岗位分类小类，岗位分类小类主要由岗位工作内容组成。经营类主要是运用所赋予的决策和经营职权，领导和组织企业人财物各类资源，实现公司战略目标及企业发展目标的岗位。管理类主要是在各级组织机构中，根据实际工作需要设置的有明确职责、任职条件和任期，负责企业某类业务的管理，在企业生产经营活动中从事相关专业管理工作及具体业务指导、管理和监督工作的岗位。技术类主要是在各级组织机构中，根据实际工作需要设置的有明确职责、任职条件和任期，负责新的生产工艺、生产技术、生产设备或装备的研发与应用，生产流程的优化设计，以及在实施过程中所遇技术难题的研究解决的岗位。技能类主要是在实施机构和生产单位内，根据实际工作需要设置的有明确职责、任职条件和任期，由受过负责专门专业学习或训练，能熟练掌握、应用专门技术和技能的人员，负责生产实操工作或其他须具备较高技能的岗位。服务类主要是在各级机构内，根据工作需要或阶段性工作需要设置的，从事辅助于管理或生产的，较易从社会劳动力市场上获得的，掌握一般熟练技能的工种岗位。

5　条文说明

无。